LES CHAUSSETTES DE L'ARCHIDUCHESSE

Julos Beaucarne
avec la collaboration de Pierre Jaskarzek

LES CHAUSSETTES DE L'ARCHIDUCHESSE

et autres défis de la prononciation

Éditions Points

TEXTE INTÉGRAL

ISBN 978-2-7578-0251-9

LE GOÛT DES MOTS

UNE COLLECTION DIRIGÉE PAR PHILIPPE DELERM

Les mots nous intimident. Ils sont là, mais semblent dépasser nos pensées, nos émotions, nos sensations. Souvent, nous disons : « Je ne trouve pas les mots ». Pourtant, les mots ne seraient rien sans nous. Ils sont déçus de rencontrer notre respect, quand ils voudraient notre amitié. Pour les apprivoiser, il faut les soupeser, les regarder, apprendre leurs histoires, et puis jouer avec eux, sourire avec eux. Les approcher pour mieux les savourer, les saluer, et toujours un peu en retrait se dire je l'ai sur le bout de la langue – le goût du mot qui ne me manque déjà plus.

Ph. D.

Bienvenue dans le monde du virelangue !

Vous aimez les amuse-bouche, les exercices de diction qui vous jettent dans la joie du verbe, la joie de la parlure et du dire, la joie du *parler françois* ? Bienvenue dans le monde du virelangue !

Ne cherchez pas « virelangue » dans le dictionnaire, ce mot est ignoré de nos lexicographes. Dans une véritable bible des amateurs de virelangues [1], Roger Pinon en donne la définition suivante : « Le virelangue est un mot, un bout de phrase, une rimaille, voire un long texte, que l'on doit répéter, éventuellement un nombre fixé de fois, sans s'empêtrer dans la prononciation. » L'ouvrage s'appelle *Ton thé t'a-t-il ôté ta toux ?*, ce qui donne le ton… Le virelangue, appelé aussi tourne-langue, aurait comme nom scientifique « glossotrophisme », du grec

1. *Ton thé t'a-t-il ôté ta toux ?*, aujourd'hui épuisé, a été édité par le Musée de la Vie wallonne, à Liège (Belgique) en 1974.

glossotrophein, qui veut dire « parler avec volubilité ». L'expression « casse-tête de prononciation », citée par Pinon, me plaît aussi, tout comme la formule « paroles qu'il faut répéter avec volubilité sans se tromper » (qui est à elle seule un virelangue !). Voici d'autres appellations pour cerner de plus près le sujet : « phrases à délier la langue » ou « labyrinthe phonétique » (mots inventés par Lucien Naas en 1950), ou encore cette étrange expression : les « cailloux de Démosthène » (d'après Emmanuel Foury). Le célèbre orateur, qui avait des difficultés d'élocution, se mettait en effet des galets dans la bouche et s'exerçait à couvrir de sa voix le bruit puissant de la mer.

Ajoutons à cela « rime-rame », « formulette », « allitération », « isophonie », « devinette » ou « choix à l'usage des orateurs et des artistes dramatiques ». Pinon avait trouvé pour sa part l'expression « phrase cacophonique ».

« Chez nous en Wallonie, ajoute Roger Pinon, on emploie le virelangue comme jeu-exercice pour les petits enfants afin de développer chez eux la volubilité. On se sert également du virelangue comme jeu-attrape chez les plus grands... Enfin, on s'en sert comme formulette pour arrêter le hoquet. » Dans ce sens, les recueils de virelangues devraient être vendus dans les pharmacies avec un mode d'emploi libellé comme suit : « Dites et répétez cette phrase à du cent à l'heure sans respirer et votre hoquet disparaîtra. » Autre vertu médicale, toujours selon Pinon : le virelangue est le remède idéal pour tous ceux qui ânonnent, blèsent, bégayent, grasseyent, zézayent, zozotent, clichent, graillent, nasillent, mâchent ou mangent les mots, fourchent, font des pataquès, etc.

Quant à moi, les virelangues ont toujours été mes compagnons de bouche. Pour un comédien, un chanteur ou un orateur de haut vol, dire et redire des virelangues avant un spectacle est un exercice fabuleux qui donne de l'aisance, de la facilité. On passe les mots par son gueuloir, on s'aiguise la bouche, on apprend à proférer, à jeter les mots à la figure comme des épluchures, on se délie la langue. Un virelangue dit à toute vitesse à des enfants provoque d'abord un silence de stupéfaction, puis l'hilarité après la chute, et si l'on se trompe, si l'on s'empêtre dans les paroles, les enfants explosent d'une joie encore plus folle.

Des savants affirment que nous pensons huit cents mots à la minute et que nous ne pouvons en exprimer vocalement que cent trente-cinq en une minute. Comment s'étonner qu'à vouloir tout dire en une minute, on marche inévitablement sur sa langue ?

JULOS BEAUCARNE,
Tourinnes-la-Grosse, le 11 mai 2006

Chapitre premier

Le virelangue à l'usage des apprentis virelinguistes

Les virelangues qui suivent, qu'ils soient traditionnels ou plus récents, constituent une mise en bouche des apprentis virelinguistes que vous êtes, chère lectrice, cher lecteur, qui découvrez avec étonnement ces jeux de langue, ces parlures étonnantes, ces mots qui s'entrechoquent et vous mettent vocalement en joie, en débridence.

Pour s'initier à ces jeux sonores, il suffit à l'amateur de faire passer les virelangues de plus en plus vite dans son gueuloir sans marcher sur sa langue en un mouvement uniformément accéléré. Qui sait ? À l'avenir, vous serez peut-être les premiers à participer à des compétitions de virelangues. On peut en effet espérer que dans toutes les villes de France vont apparaître des cafés à virelangues, à labyrinthes phonétiques, à casse-tête de prononciation, à « délie-langues », où l'on pratiquera quotidiennement cette nouvelle discipline, où l'on s'amusera à se jeter des mots à la figure comme des épluchures, à perfectionner sa diction personnelle afin que les mots coulent avec bonheur de nos bouches réjouies jusqu'aux oreilles ébaubies de nos contemporains. L'acteur Claude Piéplu disait : « J'ai toujours attaché beaucoup d'importance à ma diction. Je voulais que l'on m'entende et qu'on me comprenne. » Les jeux sont ouverts. Voici les mots, voici les phrases, à vous de jouer, puis rendez-vous au prochain chapitre.

Faites vos tous premiers pas sans faux pas. Attention : il est chaudement recommandé de toujours lire les virelangues à haute et intelligible voix.

Mon père est maire, mon frère est masseur à Mamers.

Ange sans visage, quand seras-tu dévisageable ?

La peine de la reine est extrême.

Aux quatre coins du pont la canne y couve,
la poule y pond.

À l'école, on lisait ces phrases aux enfants en début d'apprentissage :

Lulu a lu la lettre déjà lue à Lili et Lola alla à Lille la lire à Lala sous les lilas. Ah là là !

Que lit Lili sous ces lilas-là ? Lili lit l'*Iliade*.

As-tu vu le tutu de Tulle de Lili
d'Honolulu ?

Voici quelques proverbes, vérités générales et des slogans en virelangue :

Tuile ôtée, trou au toit.

Pruneaux crus, pruneaux cuits.

Saccharose, l'édulcorant qui rassure les gourmands.

Trois petites truites cuites.

Latte ôtée, trou y a.

Je veux et j'exige d'exquises excuses.

Je veux et j'exige du jasmin et des jonquilles.

Météo : si chèvre éternue, pluie va
crever nue.

Nino n'a ni nappe ni nippes
Et ne nettoie ni nylon ni linon.

La poule a bu
La canne a ri
Le porc a chu.

Fruits frais, fruits frits, fruits cuits,
fruits crus.

Qu'a bu l'âne au lac ? L'âne a bu l'eau.

Le kitsch tchèque choque
Sauf s'il est chic et pas cher.

Quatre très gros crapauds crient
Dans quatre très gros trous creux.

Trente-trois très gros crapauds gris tigrés dans trente-trois très gros trous creux.

La caille couve au coin du pont
au coin du pont couve la caille.

Tu t'entêtes à tout tenter, tu t'uses et tu te tues à tant t'entêter.

Suis-je bien chez ce cher Serge ?

Trois tortues têtues trottent en trottinette.

Le poisson sans boisson c'est du poison.

Un chanteur enchanteur enchante sur-le-champ en chantant un touchant chant touchant les champs.

La grosse cloche sonne.

Répétez cette phrase à la vitesse grand V.

Gisèle danse dans *Gisèle* avec Noureev aux Seychelles, elle se gèle les aisselles.

Centre de tri de déchets et de broyage des encombrants.

Virelangue involontaire de l'Administration.

Un dandy dodelinant dodeline de la tête devant le dindon dodu.

Le mur murant Paris rend Paris
murmurant.

Poche plate
Plate poche.

La sole rissole dans la casserole.

Des blancs pains,
Des bancs peints,
Des bains pleins.

La langue n'a point d'os
Mais elle casse la barre du dos.

Marcel son porc tua
Sel n'y mit

Vers s'y mirent
Lard gâta.

Monsieur debout lit ; madame assise coud ;
l'enfant assis joue ; la servante assise mange.

Chapitre 2

Virelangues pour passer à la vitesse supérieure

Ma première rencontre avec les virelangues se fit dans la cour de récréation de mon école, à Écaussinnes, dans le Hainaut, en Belgique. On s'amusait avec des devinettes absurdes : « Quelle est la couleur du cheval blanc de Napoléon ? » J'aimais beaucoup le fait que dans la question se trouvât la réponse, mais malgré ça, il y avait toujours quelqu'un parmi nous qui donnait sa langue au chat, et les autres d'éclater de rire… Des devinettes, nous dérivions sur des phrases biscornues qu'il fallait dire plusieurs fois et de plus en plus rapidement comme : « Les chemises de l'archiduchesse sont-elles sèches ? Oui, elles sont sèches archisèches. » C'est l'accélération des mots qui mettait en péril la parfaite prononciation du virelangue. C'était un jeu passionnant qui nous donnait à rire. Puis vint le fameux : « Un chasseur sachant chasser sans son chien est un bon chasseur » et chacun se faisait son petit répertoire de phrases ou de mots-pièges. Plus tard, quand je suis devenu comédien dans un théâtre de Bruxelles, j'ai utilisé ces phrases comme d'indispensables exercices quotidiens d'articulation avant une représentation. Il y avait des « virelangues ruisseaux » de petite longueur, des « virelangues rivières » de longueur moyenne et des « virelangues fleuves » beaucoup plus longs qui nous forcent à travailler notre respiration, à mettre en branle la forge de nos poumons, à faire passer les mots dans notre chair, à nous incarner, à devenir les mots eux-mêmes.

Virelangues ruisseaux

J'ai la bouche rouge et sèche.

La jolie rose jaune de Josette sourit dans le jardinet du poète.

Marie, vas-tu monter mon thé ? Oui, Monsieur, je vais d'abord descendre des cendres.

Le scout mange son casse-croûte cru.

Le fisc fixe exprès une taxe au luxe et à l'exquis.

Juges jugez Gilles jeune et jaloux quasi fou.

Te fusses-tu tu, tu m'eusses plus plu.

Seize jacinthes sèchent dans seize sachets secs.

Zaza de Marseille s'asseyait tout en zézayant à souhait.

Je suis déballeur et emballeur de ballots à balles à la plus grande usine de balles à Bâle.

Il fait faire à Fabien, le fourbe et le fautif, force farces fausses et fantasques.

Que le grand cric me croque
Coke en stock en rupture de stock.

Virelangue à partir d'une réplique de Tintin.

Demandez la libération de Mandela…
demandez la libération de Mandela
libération de Mandela…

Virelangue politique.

Vous qui macadamisez cette route
Quand la démacadamiserez-vous ?

Virelangues rivières

Zaza zézaye
Zizi zozote
Zouzou s'extasie.

Sophie ce fut si fou
Ce que nous fîmes
Sur ce sofa.

Un verrou bien verrouillé
Le déverrouilleriez-vous bien
Sans bégayer ?

Trois crapauds gris et gros
Croquaient des croûtons croustillants
Dans un grand restaurant.

Je te dis que tu l'as dit à Didi
Quoi ? Qu'est-ce que j'ai dit à Didi ?
Ce que je t'ai dit jeudi, pardi !

Six fûts, six caisses :
La main entre les caisses
Le doigt dans le trou du fût.

Trois tortues trottaient
Sur trois toits très étroits
Treize et trois = seize.

Il fait chaud chez ce cher Serge, Serge est-ce
que tu nous cherches ou quoi ? Je veux et j'exige
que tu baisses le chauffage.

Femme coud-elle ?
Habit se coud-elle ?
Habit se met-elle ?
Ainsi soit-elle.

Sous ces arbres vos laitues naissent-elles ?
Oui, mes laitues naissent.
Si vos laitues naissent
Mes navets naîtront.

La pie pond
Sans piper
Le paon pompeux
Papote et pond peu.

Extrait du disque Virelangues *de Béatrice Maillet,*
Enfance et Musique, 1999.

Si mon tonton Louis
Tond ton tonton Léon
Ton tonton Léon
Sera tondu par mon tonton Louis.

Ma maman ment
Mais mémé m'aime
Pépé paie peu
Mémé m'émeut.

Extrait du disque Virelangues *de Béatrice Maillet,*
Enfance et Musique, 1999.

Quand le cheval de Thomas tomba
Comment Thomas ne tomba-t-il pas ?
Comment Thomas ne tomba-t-il pas ?
Thomas tomba-t-il, ne tomba-t-il pas ?

Si ton bec aime mon bec
Comme mon bec aime ton bec
Donne-moi le plus gros bec
Du Québec !

Au Québec, un « bec » désigne un baiser.

Cinq pères capucins,
Sains de corps et d'esprit,
Le corps ceint d'une ceinture
Portant sur leur sein le sous-seing des saints capucins.

Quand un cordier cordant veut accorder sa corde
Pour sa corde accorder trois cordons il accorde,
Mais si l'un des cordons de sa corde décorde,
Le cordon décordant fait décorder la corde.

Pauvre petit papa parti pour Paris pour
pêcher plusieurs petits poissons pourris,
passant par plusieurs petits ponts pour
pêcher plusieurs petits poissons.

Rat vit rôt
Rôt tenta rat
Rat mit patte à rôt
Rôt brûla patte à rat
Rat quitta rôt.

Qui t'a dit qu'y avait un yéti
Tapi sous ton lit ?
Y es-tu yéti ?
Si le yéti y est
Dis-lui qu'il est laid.

Texte de Jean-Marie Pubelier,
extrait du disque
Virelangues *de Béatrice Maillet,*
Enfance et Musique, 1999.

Un ange qui songeait à changer de visage pour donner le change se vit si changé que jamais plus ange n'osa changer de visage pour donner le change.

À Moscou blé se moud-il
Oui à Moscou blé se moud
À Bakou blé se moud-il ?
Oui à Bakou blé se moud
À Bascou blé se moud-il ?
Oui à Bascou blé se moud.

S'il est malade à la salade
Pour qu'il guérisse à la réglisse
À minuit, donnez-lui huit fruits cuits
Si ces huit fruits cuits lui nuisent
Donnez-lui à minuit huit fruits crus.
Tu m'as cru ?

Texte de Jean-Marie Pubelier,
extrait du disque
Virelangues *de Béatrice Maillet,*
Enfanceet Musique, 1999.

Il a tant plu
Qu'on ne sait plus

Dans quel pays
Il a le plus plu.
Mais au surplus
S'il eût moins plu
Ça m'eût plus plu.

Virelangue originaire de Rimouski, Québec.

Virelangues fleuves

Il y avait une fois
Et une fois, il n'y avait pas.
Quoi ?
Je ne m'en souviens plus.
Quand ?
J'ai oublié.
Mais quoi qu'il arrive
Il était une fois
Parce qu'une fois
Ça suffit bien…

Extrait du disque Virelangues *de Béatrice Maillet,*
Enfance et Musique, 1999.

Il était une fois
Une marchande de Foix
Qui vendait du foie
Dans la ville de Foix
Elle se dit ma foi
C'est la dernière fois
Que je vends du foie
Dans la ville de Foix
Il y fait trop froid.

Extrait du disque Virelangues *de Béatrice Maillet,*
Enfance et Musique, 1999.

Nic dit à Nac
Nous allons manger des Nic Nac
Et ils bouffent
Ils bouffent
Qu'ils deviennent des gros patapoufs
Et ils tombent par terre
Et leurs ventres éclatent
Bouf berdaf.

Écrit par les élèves de l'école des Trois-Pommiers
à Court-Saint-Étienne, Belgique.

Tas de riz
Tas de rats
Tas de riz tentant
Tas de rats tentés
Tas de riz tentant
Tenta tas de rats tentés
Tâta tas de riz tentant.

Extrait du disque Virelangues *de Béatrice Maillet, Enfance et Musique, 1999.*

Pourquoi Pépita
Sans répit m'épies-tu
Dans le puits Pépita
Pourquoi te tapis-tu ?
Tu m'épies sans pitié
C'est piteux de m'épier
De m'épier Pépita
Ne peux-tu te passer ?

Didon dîna dit-on
De dix dos fort dodus de dix dodus dindons
Et c'est pourquoi dit-on
Didon le soir mourut
De dix indigestions.
Qui donc dodus dindons aux dos dodus
eût cru

Qu'ainsi vous eussiez pu
Vous venger de Didon ?

Extrait du disque Contes, comptines et ballades
de Julos Beaucarne, 1986.

Madame Coutufon
Dit à madame Foncoutu
Combien y a-t-il de Foncoutus
À Coutufon ?
Il y a autant de Foncoutus
À Coutufon
Qu'il y a de Coutufons
À Foncoutu.

Extrait du disque Julos chante pour les petits
et les grands *de Julos Beaucarne, 1976.*

J'explique exactement que mon fils qui fixe Alex excuse explicitement les exactions exaspérantes de ses ex-condisciples *ex æquo* aux examens d'experts du fisc.

Virelangues voyageurs

Écoutez bien les virelangues qui suivent: ils sont écrits en bon français, pourtant leurs sonorités sont si étranges qu'on a l'impression de voyager de Tahiti à Tombouctou.

Si l'oie niche bas
Et la pie niche haut
Où l'hibou niche ?

Où niche la pie ?
La pie niche haut.

Où niche l'oie ?
L'oie niche bas.
Où niche le hibou ?
Le hibou niche ni haut ni bas.
L'hibou niche pas ?

Pie a nid haut,
Canne a nid bas.
Chat n'a ni haut ni bas
Rat, taupe aussi.

Pie a nid haut
Canne a nid bas
Pie a bec d'os
Coq aussi a.

Pies ont nid haut
Cailles ont nid bas
Pie bâtit haut
Caille bâtit bas
Pie se niche haut
Caille s'niche bas
L'hibou s'niche ni haut ni bas
Haut nid pie a

Bas nid caille a
Aux mares canne est.

Extrait du disque Virelangues *de Béatrice Maillet,*
Enfance et Musique, 1999.

La poule a bu
La canne a ri
Le porc a chu
Au bout du pont
La canne y coud
La poule y pond.

Extrait du disque Virelangues *de Béatrice Maillet,*
Enfance et Musique, 1999.

Coq a os, ver n'a os, rat a pattes et os ; poule en a, pie aussi.

Ce virelangue résonne comme du grec.

Ton thé t'a-t-il ôté ta toux ?
Disait la tortue au tatou.
Non, dit le tatou tout doux,
Je tousse tant que l'on m'entend,
De Tahiti à Tombouctou.

Virelangues siffleurs

« Pour qui sont ces serpents qui sifflent sur vos têtes ? » a écrit le grand Racine. Les virelangues peuvent constituer d'utiles exercices pour ceux qui butent sur un son particulier. En voici quelques exemples avec des sifflantes.

Ces cyprès sont si loin qu'on ne sait si c'en sont.

Si six scies scient six cyprès, les six cyprès seront sciés.

Ces cerises sont si sûres qu'on ne sait si c'en sont.

Ciel ! Si ceci se sait, mes soins sont sans succès.

J'ai vu six sots suçant six cent six saucisses, six en sauce et six cents sans sauce.

Si sur six chaises sont assis six frères
Sur six cent six chaises sont assis six cent six frères
Si six frères sont assis sur six chaises
Six cent six frères sont assis sur six cent six chaises.

Six chats sis sur six murs pistent six souris qui sous six lits sourient sans souci des six chats qui les épient et les pistent.

Siméon sema six semaines ses
salsifis sans succès.

Bonjour madame sans soucis.
Combien font ces six saucisses-ci
Et ces sept saucissons-là ?
C'est six sous ces six saucisses-ci
Et c'est sept sous ces sept saucissons-là.
Merci madame sans soucis
Je prendrai ces six saucisses-ci
Sans ces sept saucissons-là.

Virelangues chuinteurs

Vous sifflez ? Eh bien ! Chuintez maintenant.

Si je choisis de chuchoter ceci :
Six chats chauves assis sur six souches
de sauge sèche.
C'est facile.
Mais sache qu'un chasseur aux yeux chassieux
chasse ces six chats sans son chien.
Sans son chien ?
Un chasseur si sage ne chasse
jamais sans son chien.

Sache aussi que ce chasseur chauve
ne se chausse jamais sans son chausse-pied.
Ce chasseur chauve ne se chausse-t-il
jamais sans son chausse-pied ?

Extrait du disque Virelangues *de Béatrice Maillet,*
Enfance et Musique, 1999.

Natacha n'attacha pas son chat Pacha
Son chat Pacha s'échappa
Ce qui fâcha Natacha.
Agathe attacha l'âne au chat
Natacha natta l'âne
L'âne à nattes s'attache à Natacha
Agathe gâta l'âne
Natacha natta l'âne
Natacha n'attacha pas son chat Pacha
Son chat Pacha s'échappa
Ce qui fâcha Natacha.
Agathe attacha l'âne au chat
Natacha natta l'âne
L'âne à nattes s'attache à Natacha
L'âne au chat c'est Agathe
L'âne aux nattes c'est Natacha
Et le chat Pacha ?
Il s'échappa
Tant pis…

Extrait du disque Virelangues *de Béatrice Maillet,*
Enfance et Musique, 1999.

Chapitre 3

Les virelangues d'auteurs

Les écrivains, les chanteurs ont eux aussi été influencés par les virelangues entendus et répétés dans leur enfance, leur adolescence. Ils ont continué de bousculer les mots dans leurs propres créations, certaines étant devenues de véritables « classiques » sans que l'on sache toujours à qui les attribuer.

Ainsi, les virelangues que vous inventerez vous-mêmes seront peut-être un jour sur toutes les bouches et sur tous les continents… Rêvons, voulez-vous ?

Jean Racine

Pour qui sont ces serpents qui sifflent sur vos têtes ?

*Extrait d'*Andromaque, *acte V, scène V.*

Alphonse Allais

Oui dès l'instant que je vous vis,
Beauté féroce, vous me plûtes
De l'amour qu'en vos yeux je pris
Sur-le-champ vous vous aperçûtes
Ah ! Fallait-il que vous me plussiez
Qu'ingénument je vous le dise
Qu'avec orgueil vous vous tussiez
Fallait-il que je vous aimasse
Que vous me désespérassiez
Et qu'enfin je m'opiniâtrasse
Et que je vous idolâtrasse
Pour que vous m'assassinassiez.

Complainte amoureuse.

Jean Boyer

Totor t'as tort, tu t'uses et tu te tues,
Pourquoi t'entêtes-tu, vas-y doucement, presse pas l'mouvement,
C'est pas normal, tu te fais du mal, t'as tout un tas de tics et tu t'éteins,

Tu t'attaques à ton teint en t'entêtant, t'entends ?
Totor t'as tort, tu te tues et t'as tort.

Extrait de la chanson « Totor, t'as tort », 1932,
Paroles : Jean Boyer/Géo Koger,
Musique : Clothilde Cros/André Mercier/
René Mercier,
© Éditions Salabert.

Jacques Prévert

La pipe au papa du pape Pie pue.

Extrait du poème « La Crosse en l'air », 1933.

Jacques Brel

C'est trop tard pour le tram 33.

Extrait de la chanson « Madeleine », 1961.

François Béranger

Anastasie, l'ennui m'anesthésie.

Extrait de la chanson « Le Tango de l'ennui », 1974.

Nino Ferrer

Il y a longtemps déjà
Que je n'ai pas vu mon copain Bismarck
Qui faisait cornac dans un cirque et
Traduisait Pétrarque en turc à Dunkerque.

Extrait de la chanson « Mon copain Bismarck », 1967.

Dieudonné Dufrasne

« Tendances ariennes et pneumatomaques du pseudo-Sérapion de Thmuis dans le delta du Nil. »

Titre de la thèse de l'auteur.

Bernard Haller

Kiki était cocotte, et Koko concasseur de cacao. Kiki la cocotte aimait beaucoup Koko le concasseur de cacao. Mais Kiki la cocotte convoitait un coquet caraco kaki à col de caracul. Coco le concasseur de cacao ne pouvait offrir à

Kiki la cocotte qu'un coquet caraco kaki mais sans col de caracul.
Or un marquis caracolant, caduc et cacochyme, conquis par les coquins quinquets de Kiki la cocotte, offrit à Kiki la cocotte un coquet caraco kaki à col de caracul. Quand Koko le concasseur de cacao l'apprit, il conclut : je clos mon caquet, je suis cocu.

Extrait de Dits et inédits, *© Éditions Stock, 1981.*

Bernard Haller

Gros gras grand grain d'orge, tout gros-gras-grand-grain-d'orgerisé, quand te dé-gros-gras-grand-grain-d'orgeriseras-tu ? Je me dé-gros-gras-grand-grain-d'orgeriserai quand tous les gros gras grands grains d'orge se seront dé-gros-gras-grand-grain-d'orgerisés.

Extrait d'un sketch.

Franquin

Chez les Papous, y a des Papous à poux, et des Papous pas à poux… Mais chez les Papous, y a des

Papous papas et des Papous pas papas… Donc chez les Papous, y a des Papous papas à poux, et des Papous papas pas à poux… Des Papous pas papas à poux et des Papous pas papas pas à poux… Mais chez les poux, y a des poux papas et des poux pas papas… Donc chez les Papous, y a des Papous papas à poux papas, des Papous papas à poux pas papas, des Papous pas papas à poux papas et des Papous pas papas à poux pas papas.

Extrait de Gaston Lagaffe, © *marsu by franquin, 2006.*

Gérard Oury

Y a pas d'hélices hélas, c'est là qu'est l'os…

Extrait du film La Grande Vadrouille, *dialogues de G. et A. Tabet, 1966.*

Raymond Devos

Actuellement, mon immeuble est sans dessus dessous.
Tous les locataires du dessous voudraient habiter au-dessus !

Tout cela parce que le locataire qui est au-dessus
est allé raconter par en dessous
Que l'air que l'on respirait à l'étage au-dessus était
meilleur que celui que l'on respirait à l'étage en
dessous !
Alors, le locataire qui est en dessous a tendance
à envier celui qui est au-dessus
Et à mépriser celui qui est en dessous.
Moi, je suis au-dessus de ça !
Si je méprise celui qui est en dessous, ce n'est
pas parce qu'il est en dessous,
C'est parce qu'il convoite l'appartement qui
est au-dessus, le mien !
Remarquez… Moi, je lui céderais bien mon
appartement à celui du dessous
À condition d'obtenir celui du dessus ! Mais je
ne compte pas trop dessus.
D'abord parce que je n'ai pas de sous !
Ensuite, au-dessus de celui qui est au-dessus,
il n'y a plus d'appartement !
Alors, le locataire du dessous qui monterait au-
dessus
Obligerait celui du dessus à redescendre en
dessous.
Or, je sais que celui du dessus n'y tient pas !
D'autant que, comme la femme du dessous est
tombée amoureuse de celui du dessus,
Celui du dessus n'a aucun intérêt à ce que le mari
de la femme du dessous monte au-dessus !
Alors, là-dessus… Quelqu'un est-il allé raconter

à celui du dessous qu'il avait vu sa femme bras dessus, bras dessous avec celui du dessus?
Toujours est-il que celui du dessous l'a su !
Et un jour que la femme du dessous était allée rejoindre celui du dessus, comme elle retirait ses dessous… et lui, ses dessus…
Soi-disant parce qu'il avait trop chaud en dessous…
Je l'ai su… parce que d'en dessous, on entend tout ce qui se passe au-dessus…
Bref ! Celui du dessous leur est tombé dessus !
Comme ils étaient tous les deux soûls, ils se sont tapés dessus !
Finalement, c'est celui du dessous qui a eu le dessus !

Sketch « Sens dessus dessous »,
© Éditions Stock, 1976.

Françoise Hardy

Sous aucun prétexte je ne veux
Avoir de réflexes malheureux
Il faut que tu m'expliques un peu mieux
Comment te dire adieu

Mon cœur de silex vite prend feu
Ton cœur de pyrex résiste au feu
Je suis bien perplexe je ne veux
Me résoudre aux adieux

Je sais bien qu'un ex-amour
N'a pas de chance ou si peu
Mais pour moi
Une explication vaudrait mieux

Sous aucun prétexte je ne veux
Devant toi surexposer mes yeux
Derrière un Kleenex je saurais mieux
Comment te dire adieu
Comment te dire adieu

Tu as mis à l'index
Nos nuits blanches
Nos matins gris-bleu
Mais pour moi
Une explication vaudrait mieux

Sous aucun prétexte je ne veux
Devant toi surexposer mes yeux
Derrière un Kleenex je saurais mieux
Comment te dire adieu
Comment te dire adieu
Comment te dire adieu

Serge Gainsbourg

Sa pupille absente et son iris absinthe.

Extrait de la chanson « Variations sur Marilou », 1976.

Éric Fottorino

Piéplu n'est plus et nous voilà sans voix.

Le Monde *daté du 26 mai 2006.*

Chapitre 4

Le tour du monde des virelangues

Les virelangues ne sont pas des inventions verbales spécifiques de nos pays francophones. Le virelangue n'a pas de frontières, car toutes les langues fourchent. En anglais, on l'appelle *tongue twister* (« torcheur de langue »), en néerlandais *tongbreker* (« briseur de langue »), en italien *scioli-lingua* (« délie-langue »), en vénézuélien *destraba-langütanizador* (« désentraveur de langue »), en espagnol *trabalengua* (« entrave-langue »), en italien *sveglia-lingua* (« éveille langue »), en américain *rapidspeech puzzle* (« casse-tête de langue rapide »), en allemand *schnellsprechübung* (« exercice de parler rapide »), en flamand *spreekoefening* (« exercice de parler »)...

Nous avons rassemblé dans ce chapitre un choix de virelangues dans plusieurs idiomes et dialectes. Les virelangues apparaissent ainsi comme une manière originale et inattendue de s'initier aux langues étrangères tout en s'amusant. Et pour les enfants, voilà un excellent moyen d'ouvrir les oreilles très tôt aux sonorités particulières de chaque langue.

Virelangues en allemand

Zwischen zwei Zwetschgenzweigen
zwitscherten zwei Zpatzen.

Entre deux branches de pruniers, deux moineaux ont gazouillé.

Fischers Fritz fischt frische Fische, frische Fische fischt fischers Fritz.

Fritz, le fils d'un pêcheur pêche des poissons frais, ce sont des poissons frais que Fritz pêche.

Virelangues en espagnol

Virelangues recueillis par Françoise Masui, professeur de français à l'Université de Louvain-la-Neuve (Belgique), et par Julos Beaucarne.

No me mires que nos miran
Nos miran que nos miramos
Miremos que no nos miren
Y cuando no nos miren
Nos miraremos
Porque si nos miramos
Descubrir pueden
Que nos amamos.

Ne me regarde pas quand on nous regarde
On nous regarde quand nous nous regardons
Regardons-nous quand on ne nous regarde pas
Et quand on ne nous regardera pas
Nous nous regarderons
Parce que si nous nous regardons
Quand ils nous regardent
Ils peuvent découvrir que nous nous aimons.

Tres tristes tigres
tragaban trigo
en tres tristes trastos
sentados tras un trigal.
Sentados tras un trigal,
en tres tristes trastos
tragaban trigo
tres tristes tigres.

Trois tristes tigres
Avalaient du blé
Dans trois tristes trucs
Assis derrière un champ de blé.
Assis derrière un champ de blé,
Dans trois tristes trucs
Avalaient du blé
Trois tristes tigres.

Virelangues en anglais

If Moses supposes his toes are roses
Then Moses supposes erroneously
For nobody's toes are posies of roses
As Moses supposes his toes to be.

Si Moïse suppose que ses orteils sont des roses
Alors Moïse suppose erronément
Parce que personne n'a d'orteil en bouquet de roses
Comme Moïse suppose que sont ses orteils.

Extrait de Chantons sous la pluie,
paroles de Betty Comden et Adolph Green, auteurs de la comédie musicale.

Peter piper picked a peck of pickled peppercorn, if Peter piper picked a peck of pickled peppercorn, where is the peck of pickled peppercorn that Peter piper picked ?

Peter le joueur de pipeau a ramassé une poignée de poivrons piquants, si le joueur de pipeau Peter a ramassé une poignée de poivrons piquants, où est la poignée de poivrons piquants que Peter le joueur de pipeau a ramassée ?

She sells seashells on the seashore.

Elle achète des coquillages au bord de la mer.

Virelangue en chinois

(transcrits ici phonétiquement)

Liu Niang nian Niu Lang
Niu Lang nian nian lian Liu Niang
Liu niang lian lian nian Niu Lang.

En tenant compte que Niu Lang est un garçon et Liu Niang, une fille :

Niu Lang pense à Liu Niang
Liu Niang pense à Niu Lang
Niu Lang pense à Liu Niang chaque année
Liu Niang pense à Niu Lang chaque année.

Virelangues en grec

(transcrits ici phonétiquement)

Mia papia ma pia papia
Mia papia me papia.

Un canard, mais quel canard !
Un canard avec des canetons !

Tris tigris ke tria tigrakia.

Trois tigresses et trois petits tigres.

Virelangue en polonais

Krol Karol kupil krolowej Karolinie korale koloru koralowego.

Le roi Carol a acheté à la reine Caroline un collier de couleur corail.

Virelangue en farsi (Iran)

Gourgourigougoul

Cocorico

Mots virelangues en swahili

Bilulu : *insecte* (se prononce « biloulou »)

Potopot : *boue* (un mot où le sens est dans le son)

Matiti : *herbe*

Miziki : *musique*

Virelangues en flamand

Hottentottententententoonstellingskaartjesknipp ersvrouw.

La femme du gardien d'une exposition de tentes hottentotes.

Zeven zotten zwommen zeven
zondagen zonder zwarte zwembroek.
« Zie ! »,
zei zotte Zulma, zeven zotten
zwemmen zonder zwarte zwembroek.
Ze zijn zeker zot ?

Sept sots nagent sept dimanches sans maillots de bain noirs.
Regarde, dit la sotte Zulma, sept sots nagent sans maillots de bain noirs,
ils sont certainement sots.

Apen apen apen na.

Les singes imitent les singes.

Virelangues en wallon

« Les casseroles Luma, celles qui ne se scailltent pas. »

Publicité lue quelque part il y a longtemps.
« Ne se scailltent pas » signifie en wallon « qui ne s'écaillent pas ».

Loukes-tu là que tu makes
Ou makes-tu là que tu loukes
i me r'louka
et im'maca
là où i me reloukait.

Reluques-tu là où tu frappes
Frappes-tu là où tu reluques ?
Il me reluqua
Et me frappa
Là où il me reluquait.

Diri bi chi coups
L'tour du cul du cloki
Sin babilli ?

Diriez-vous bien six fois le tour du cul du coq du clocher sans vous tromper ?

Ce virelangue résonne comme du russe :

Alexis as li cof
Sia mais n'a ri d'dins
Serre li cof mets t'cul sul cof.

Alexis as tu le coffre ? Oui, mais il n'y a rien dedans, ferme le coffre, mets ton cul sur le coffre.

Virelangues en picard

El ki est ke
in bas del keminée
din l'bac à kerbon y s'tou tout squetté.

Un chien en porcelaine est tombé de la cheminée dans le bac à charbon, il était tout cassé.

Wetes el cat qui s'cauffe

Regarde le chat qui se chauffe.

Remarque à l'intention des virelangueurs polyglottes :

Pour pimenter les virelangues, on peut employer des mots où le sens semble être contenu dans le son.

En wallon, par exemple, pour dire « boue » ou « gadoue », on dit *berdouille* ; en swahili, on dit *potopot* ; en québécois, pour « neige fondue », on dit *slotch*. En anglais, pour dire « le vent qui porte les planeurs », on dit *jetstream* ; en néerlandais, pour dire « bavard», on dit *babbelkous* ou *babbelaar* ; en wallon on dit *tafiar*, *bablute*, *ragaguette*. En français régional de la Belgique francophone, pour dire « serpillière », on dit *loque à reloqueter* (le mouvement se trouve dans le mot). Le mot anglais *skateboard* est devenu en québécois « rouli-roulant ». Là aussi le mot épouse le mouvement de ce qu'on appelle plus prosaïquement en français *planche à roulettes*.

Chapitre 5

Mes virelangues

À force de dire des virelangues, de « s'envirlanguer la tronche » pour se mettre en voix, en ébullition verbale, on finit par avoir envie d'en inventer soi-même. Mais de quoi parler dans un virelangue ? Tous les sujets sont possibles, pourvu que l'on trouve chaque fois quelques difficultés de prononciation, quelques raisons de s'emberlificoter dans les mots, de s'enliser dans la fange textuelle. La drôlerie ou une manière de poésie peuvent enluminer la difficulté technique des mots mis en jeu. Puissent mes virelangues vous pousser à inventer vous-même votre virelangueland personnel.

Bon voyage dans l'oralité primitive et sauvage !

Virelangues de mes albums

Lupanar pour obsédés textuels
Textodrome
La seule émission à refroidissement
Par air
Le seul hit-parade à l'envers
Salut aux cucurbitacées
Salut aux fougères
Et aux reines des prés.

Indicatif de l'émission Textodrome *du 6 mai 1971.*

Faut-il partir pour le polaire
Horizon et rapporter

Le saxifrage du Spitzberg
Dans du papier glacé ?

Extrait de « La Tâtonneuse »,
album Arrêt facultatif, *1972.*

Dans mon pays
Il y a de plus en plus de contrôleurs
Et pour contrôler les contrôleurs
D'autres contrôleurs
Qui à leur tour
Devront être contrôlés
Par d'autres contrôleurs
Il n'y a que dans le contrôle
Qu'il n'y a pas de chômage
Il n'y aura bientôt plus
De travailleurs
Il en restera peut-être un
Contrôlé par tout un peuple
Par tout un pays de contrôleurs.

Extrait de l'album L'avenir a changé
de berceau, *1984.*

Y-a-t-il des Wallons aux îles Wallis ?
Et s'il y en a,
Sont-ils six ou dix ou vingt-six ?

Et sur ces vingt ou sur ces six ou sur ces dix,
Combien savent-ils encore parler comme à Wéris ?
Sont-ils toujours aussi loquaces
Comme vache qui pisse ?
Ou jasent-ils le patois des îles Wallis ?

Extrait de l'album Contes, comptines et ballades, *1986.*

Un vieux chasseur sobre
Plein de santé
Mais atteint de cécité
Chaussé de souliers souillés
Sans cigare fut dans la nécessité
De chasser seul dans ses champs
Sis en Sicile
Un sinistre chat sauvage
Il siffla ses chiens :
Chatin, satin, chauvin
Et suivit son chemin
Sur son passage
Six chastes chérubins siciliens
Sans chaussures, sans soucis
Juchés sur six sièges
Chuchotèrent ceci :
« Salut, Sire chasseur
Citoyen sage et plein d'âge
Aux yeux chassieux au sang chaud

Sois chanceux
Sache en ce jour serein sans chagrin
Chasser, chose aisée,
Ce chat sauvage
Caché sous ses chiches souches
De sauges sèches. »

Extrait de l'album Contes, comptines et ballades, *1986.*

Les volcans de la terre
Font du rock, des concerts
Depuis que le monde est monde
Ils éructent l'enfer
Si c'est lui qu'a créé la terre
Le bon Dieu est un rocker.

Extrait de la chanson « État des lieux d'un futur antérieur », album 9/9/99, *1990.*

Virelangue de mon théâtre

Ô roi Paraga Faramous, quand te désoriginaliseras-tu ?
Je me désoriginaliserai quand le plus original des originaux se sera totalement désoriginalisé. Mais comme le plus original des originaux ne se désoriginalisera jamais, ni partiellement ni totalement, moi, roi Paraga Faramous, je ne me désoriginaliserai jamais, ni partiellement, ni totalement.

Extrait de L'avenir change de berceau,
pièce de théâtre jouée en 1995.

Dialogues en virelangue

Dans la rue, chez les gens, les commerçants, n'hésitez plus : discutez le bout de gras en virelangue.

– Bonjour, monsieur le concierge
Suis-je bien chez ce cher père Serge ?
Me serais-je trompé d'auberge ?
– C'est ce cher père Serge que vous cherchez ?
– Oui.
– C'est moi qui l'héberge.
– Chic, c'est lui que je cherche.
Je lui apporte des asperges
De l'autre berge
Et seize cents cierges
Pour l'autel de la Sainte Vierge.

Notez bien, avec ce cher père Serge
Mes opinions divergent.
Lui il est immergé
Dans une recherche
Sur les vergers
Surtout les vergers de pêchers :
Les pêcheraies
Il cueille des pêches toute fraîches
Et les donne à des pécheresses
À la peau de pêche.
Il étudie toutes les sortes de pêches et de pêchers
Dans le monde entier.
Il est submergé.
– Notez, ce n'est pas un péché
D'être submergé
Du moment qu'on émerge.
– Là, vous me tendez la perche :
Ne pas se laisser immerger
Sinon on ne retrouve plus la berge
Tenez, voilà justement, ce cher père Serge
Quand on parle du loup blanc
On voit son caban.
– Monsieur le concierge.
– Oui, cher père Serge, je vous ai apporté des perches.
Vous allez vous goberger, cher père Serge.
– Je ne savais pas que vous pêchiez.
– Oui, je pêche la perche sur la berge près des deux cours d'eau qui convergent, le Flamberge et le Gutemberge.

À la douane :

À la frontière entre la France et la Belgique, une dame veut passer avec un panier.

Le douanier : Madame, c'est quoi que vous avez là ?
La dame : C'est un panier qu'j'ai.
Le douanier : C'est quoi qu'elle dit qu'elle a là ?
Le douanier-chef : C'est un panier qu'elle dit qu'elle a là.
La dame : Oui c'est un panier qu'j'ai.
Le douanier-chef : Et c'est quoi qu'elle dit qu'elle a dans l'panier qu'elle dit qu'elle a là ?

Le douanier : Et c'est quoi qu'vous avez dans l'panier que vous dites que vous avez là?
La dame : C'est des canadas qu'j'ai dans le panier que j'dis que j'ai là. *(Dans certaines régions de Belgique on appelle les pommes de terre des « canadas ».*
Le douanier-chef : C'est quoi qu'elle dit qu'elle a dans l'panier qu'elle dit qu'elle a là ?
Le douanier : C'est des canadas qu'elle dit qu'elle a dans l'panier qu'elle dit qu'elle a là.
Le douanier-chef : Pour qui qu'c'est les canadas qu'elle dit qu'elle a là ?
Le douanier : Pour qui qu'c'est les canadas que vous avez dans le panier que vous avez là ?
La dame : C'est pour Lucas les canadas que j'ai dans l'panier que je dis qu'j'ai là.
Le douanier-chef : C'est pour qui les canadas qu'elle dit qu'elle a dans le panier qu'elle dit qu'elle a là ?
Le douanier : C'est pour Lucas qu'elle dit que sont les canadas qu'elle dit qu'elle a dans le panier qu'elle dit qu'elle a là
Le douanier-chef : Pourquoi faut-il à Lucas les canadas qu'elle dit qu'elle a là ?
Le douanier : Pourquoi faut-il des canadas pour Lucas ?
La dame : C'est parce que Lucas n'a pas d'canadas que je lui apporte des canadas dans le panier que j'dis qu'j'ai là.

Le douanier-chef : Dans ce cas la femme au panier peut passer les canadas pour Lucas dans l'panier qu'elle dit qu'elle a là.
Le douanier : Passez, femme au panier ousqu'il y a des canadas pour Lucas.

Texte de Louis Loiseau
traduit du wallon de Liège.

Virelangues sur le monde tel qu'il va

Vociférons en virelangue contre les injustices, la loi du plus fort, et l'argent-roi.

Plus le monde s'ouvre et plus les gens se ferment.

À quoi ça sert la sagesse
La suit-on encore à Lhassa
Sans se lasser
Peut-être avant que la Chine

N'ait lâché ses chiens noirs
Sur le Tibet
La sagesse en maîtresse y régnait
Aujourd'hui ici et là-bas
La sagesse la suit-on ou pas ?
Et aux US, aux USA
Les us et coutumes sont-ils
De n'en avoir pas
De sagesse
Elle est usée là-bas comme ici
Même si certains
S'autoproclament encore
Sages d'âme, sages d'esprit et de corps
Et savent s'ils sont sincères
À quoi la sagesse sert.

Au pays des couteaux et des lames
C'est bien dangereux de marcher
Au pays des bombes, des lance-flammes
Vaut mieux pas trop s'aventurer
Au pays des haines qui se proclament
Même sur la place du marché
Il vaut mieux ne pas s'y rendre
Si l'on veut sa vie garder.

Si tu tues, tu te tues, pourquoi t'entêtes-tu à tuer
tant et tant de gens, monsieur le président,
chaque fois que tu ordonnes qu'on tue, tu te tues
et tu tues la paix pour tant et tant de temps, pour
tant et tant de gens et les gens, se vengeant,
s'entretuent à tout moment, tout le temps, sais-tu
que ceux que tu tues en tuant, c'est toi, ton frère,
ta sœur, tes parents l'humanité tout entière, tu la
tues d'un coup de dent, d'un seul mot tu jettes la
terre tout entière dans le néant à coup de bombes
de fusils, de boumboum, de panpan, au nom
du sacro, du sacro-saint argent.

La hausse du Smic, le smoke,
le Nasdaq, les nababs, les mecs,
quel micmac !

Un immense mur barre désormais
La marche rapide du Yangtsé
Le troisième fleuve-artère de la terre
Le cours d'eau plus que millénaire
Impétueux va-t-il se taire
Et s'arrêter devant ce mur ?
La nature contre le béton
Va-t-elle gagner son marathon ?
Le barrage des trois gorges

Pourrait-il devenir coupe-gorge ?
La nature va-t-elle plier ?
Un million de gens déplacés
Tant de souvenirs noyés
Vingt-cinq mille ouvriers ont œuvré
À ce gigantesque chantier
Le plus grand qu'il y eut jamais
Après celui de la muraille.
L'homme emmure un peu partout
Des gens, des rivières et des fleuves
Va-t-il gagner au risquons-tout
En mettant la terre à genoux
Jusqu'à ce que sous les coups
Elle se lève ?

À quoi ça sert d'aller au Tchad pour jaser, tchatcher en tchêque de tchador, de tchadri, de Tchernozium, de Tchernobyl ?

La révolte afghane fracasse
Le mythe fugace de Bush
Le boucher coriace
Le mondial rapace
Qui perd ses strass
Et laissa d'inoubliables traces
De sa grande casse.

Mittal harcèle Arcelor
Il lance une O.P.A.
Hostile comme je ne sais pas quoi
Pour Mittal le métal
C'est de l'or.

Taittinger tu te tais
Tu t'éteins, Taittinger
Tu pars pour New Delhi
Ou pour Tanger
Le Champ' a décampé
Le nom du repreneur
Va être dévoilé
Quel est-il ce faux frère
Qui t'a fait décamper
Ton bouchon va trop loin
Champenois
Laisse pas ton Champ' couler
Car tu le sais
Qui a bu boira
Le mousseux des pachas.

Monsieur de l'Hiver :

L'histoire se passe à Anvers, ville portuaire sur l'Escaut et le canal Albert à quatre-vingt-huit kilomètres de la mer. Là habite un certain Monsieur de Winter ou Monsieur de l'Hiver qui veut renvoyer dans leurs pays tous les étrangers et toutes les étrangères en charter. Pas op ! Langzaam rijden, Monsieur de l'Hiver. Vous voulez vraiment renvoyer tous les gens de couleur, vous voulez laver plus blanc mais ça va être ennuyeux, mais ça va être ennuyant, il ne resterait à Anvers à Antwerpen que des antwerpenois blancs ? Monsieur de Winter, savez-vous que l'ennui naquit un jour de l'uniforme uniformité. Ces gens si différents que vous voulez renvoyer, savez-vous qu'ils maintiennent été comme hiver : l'été, dans

votre ville d'Anvers, dans votre ville d'Antwerpen.
Vous voulez donc vraiment, Monsieur de l'Hiver, mettre Anvers à l'envers, vous voulez donc vraiment faire d'Anvers : un enfer, Monsieur de Winter vous voulez vraiment que ce soit dans votre ville été comme hiver : l'hiver ? Est-ce bien cela que vous désirez ardemment, Monsieur de Winter, Monsieur de l'Hiver ?

Pour ce qui est des extrêmes
Je ne veux être
Ni en extrême droite
Ni en extrême gauche
Ni au centre droite,
Ni au centre gauche,
Je veux être en extrême extase.

Je suis un cerébrotonique
marxiste léniniste
anarchotrotskyste.

Ces drôles de sons, sont-ce des virelangues ? (Oui, c'en sont)

Pour donner des couleurs exotiques aux virelangues, mettons les sons sens dessus dessous.

L'aloès de l'île Socotora.

Les manchots à aigrette
Font-ils encore la fête

Sur l'île Tristan da Cunha
Dans les atlantiques sud
Où un jour tu iras ?

Un hanneton volant, volage, vrombissant et sauvage près d'une pie passa. Mais la pie fut sage et ne le happa pas. Pourquoi la pie ne happa pas ce bel appât ?
Si la pie l'eut happé, elle l'eût inévitablement croqué. Car pour la pie, un hanneton c'est du bonbon : si la pie le happe, c'est qu'il est bon.

Hic et nunc
Y avait Bashung
Qui chantait fort dehors
Un air ethnique
Un chant épique
Sur les porcs-épics
Les aspics et les lombrics

– Qui cherchez-vous ?
– Je cherche Chouchou du bout du bout de la baie de Bombay.
– Ah ? C'est Chouchou du bout du bout de la baie de Bombay que vous cherchez ?

– Oui, je cherche Chouchou du bout du bout de la baie de Bombay, elle est où ? Si vous le savez dites-le moi, dites-moi tout ce que vous savez, s'il vous plaît.
– Écoutez, je l'ai vue passer sous les palmiers de la palmeraie, ensuite elle s'est enfoncée sous les châtaigniers de la châtaigneraie, elle a cueilli une rose dans la roseraie et maintenant elle doit être arrivée sous les bambous de la bambouseraie, presqu'au bout du bout de la baie de Bombay.
– Merci, j'y cours, j'y vais.

À la Converserie
Quand un convers rit
Tous les convers rient
À la Converserie.

Un ananas
N'a ni nid ni nasse ni naseaux
Ni niche ni nichée ni bras
Ni jambes, ni bas, ni nageoire.
Mais si on le mange, ah, l'ananas !
C'est du nanan.
Nonobstant,
Je l'ingurgite goulûment.

La vache mâche et mâchonne sans relâche
la mâche que Marianne machinalement
en macfarlane coupe à la machette dans le pré
de Mariette.

– Ta tante t'attend sous sa tente.
– Laquelle de mes tantes ?
J'en ai tant et tant.
– Ta tante Antoinette.
Elle t'attend sous sa tente verte.

Tonga est le nom d'un archipel de l'océan Pacifique. Ici, c'est le nom d'une jeune fille.

Tout est à tenter, Tonga,
Pour que tout t'aille :
Ton tutu en tulle, atout de ta beauté.
Ta toque en toc,
T'es tout entière au top.
Avec ton parfum Sassafras
On te suit à la trace trois mois.
J'te fais pas le topo, Tonga :

Sur ta peau, t'as le nec plus ultra du beau.
Tes bijoux brillent comme il faut,
Scintillent comme soleil sur eau.
Tope-là, Tonga, tu f'ras tomber tous les gars.

Si les sangsues suçaient les soucis beaucoup se laisseraient sucer le sang, il y aurait plus de sans-soucis, ce serait beaucoup plus plaisant. Mais vraiment, qui s'en soucie ? Vous vous en souciez, vous, madame Sans Soucis ? Moi, dit madame Sans Soucis, si je suce six cents saucisses suisses à six sous en soixante-six ans, ça me suffit amplement.

Nichonnette de Cucuron rien
que des courbes et des ronds.

On croit que le Peul peut peu
Mais le Peul peut beaucoup
Le Peul n'est pas veule que non
Pas du tout
Ceux qui disent que le Peul peut peu
Sont, en fait, veules et envieux
Peu de Peuls connaissent Pol Pot

Tant mieux
Le Peul ne met pas de pull.

Je cherche six chiots chez Sancho,
Je cherche neuf chats chez Sacha,
Je cherche seize cent seize chaises chez Sanchez,
Mais Sanchez me dit qu'il est sans.
Alors où vais-je trouver seize cent seize sièges
Si Sanchez n'a plus la moindre chaise ?
Eh bien ! Je chercherai chez Serge ou chez la chaisière,
Chez eux je trouverai bien quelques chauffeuses pas chères et chic.
Chiche !

La fille du zélé directeur du zoo, Zazie, était assise et causait en cousant avec sa cousine Zézette, un zéphir doux et odorant caressait les bouclettes de la secrète Zézette. Les oiseaux jusaient au zénith du firmament. Zazie, susurra Zézette : qu'est ce qu'il est beau ce temps !
Oui, Zézette murmura Zazie en souriant, on voudrait que ce temps dure jusques à la fin des temps.

J'ai rencontré des Aztèques
Des Oltomaltèques
Des Tchèques des
Australopithèques
Des tenanciers de Pinacothèque
Tout ça dans le Yucatan
Étonnant n'est-ce pas ?

Relax Max
Veux-tu que j'te masse ?
Que je te masse assis
Et dans quel axe
Dans cet axe-ci ?
Veux-tu que j'te malaxe
Sans te faire mal, bien sûr, Max
J'peux te masser un max comme j'ai fait à Alex
Pour son thorax
Dans son relax
Après il était tout flasque.

Où suis-je en pays de Zoulousie
Au Zimouzou chez les Kazans ?

Âne et ver ont-ils os ?
Âne a os, ver non, taupe si.
Julos a-t-il os
Oui Julos a os.
Combien ? Deux, dix, onze ?
Non : deux cent onze.
Ah ! Tant que ça ?
Oui juste comme toi.

Fait à fait qu'elle tape à pouf
Elle te laisse paf
Elle est roufrouf
Elle prend n'importe quel pignouf
Elle joue soldat
Pas le temps de dire ouf
Elle passe la loque à r'loqueter
Sur l'humanité

Texte en français régional de Belgique :
À pouf : au hasard, au petit bonheur
Paf : interdit, déconcerté
Roufrouf : très vite sans réfléchir
Pignouf : individu mal élevé,
sans aucune délicatesse
Loque à reloqueter : serpillière,
en français régional de Belgique.

Le dendrobate bleu
Se bat sans le savoir pour sa survie
Amphibien des marais
Du côté de Paramaribo
De Paranam, de Brakoponda
Il jette et clame avec son cri
Au cœur du Surinam
Son âme.

Virelangues dérivés

Certains virelangues sont devenus de véritables classiques à détourner. On peut aussi s'inspirer de simples choses lues pour faire jouer son imagination et sa langue.

Les chaussettes de l'archiduchesse
Sont-elles sèches ?
Oui, elles sont sèches, archisèches
Je les ai fait sécher six semaines
Dans un séchoir Siemens.

Détournement d'un virelangue populaire.

Entre deux berges, la Sambre
gamberge.
Mélange étrange d'églises et de
granges.

Panneaux de l'autoroute E411 de Bruxelles à Luxembourg. Note de l'éditeur : *À raison de soixante-dix mille automobiles dénombrées par jour occupées par au moins deux passagers, on peut raisonnablement penser que Julos est certainement le poète le plus lu de Belgique…*

Pars pour Paris, Parrain te paiera l'apéro et l'opéra
à Paris. Carapate-toi, car à part Parrain, personne
ne te paiera l'apéro et l'opéra à Paris, encore
moins à Barry, à Brindisi ou à Abu Dhabi,
a fortiori, vite, pars y vite.
Où ça ? Ben, à Paris, ça fait dix fois que je te
le dis !

Virelangue à partir d'un virelangue populaire.

Mes virelangues fleuves

Exigeant du souffle et une langue bien déliée, ils tenteront les virelangueurs patentés.

Tantale était tenté de tremper sa langue dans la crème qu'un cuisinier fouettait tant et tant. Le cuisinier, voyant Tantale très tenté par la crème tant et tant fouettée, tenta de l'écarter. Tantale tant attendait, tant espérait la crème si tant et tant fouettée que le cuisinier fut tenté d'en finir avec son supplice si tant et tant cruel, il lui donna tant et tant de cette crème qu'il avait tant et tant fouettée que Tantale s'en lécha longtemps les babines, il remercia tant et tant le cuisinier qui patiemment avait fouetté tant et tant cette crème qu'il s'en souvint jusqu'à la fin de son règne, jusqu'à la fin de tout ce temps qu'il avait passé à fouetter de la crème tant et tant.

Ric et Rac vaquent au bord du lac
Ric est un crack
Il raconte tout le temps des craques
Et Rac reste en rade, en rac
Et Rac, Cric crac sabot ne comprend pas
un mot des craques de Cric
Pas de répliques, pas de réponses du tac
au tac.
Ric s'ennuie
Sa tactique est toc
C'est le cul-de-sac hypocondriaque
Si on faisait un trictrac ? dit Ric à Rac
Pourquoi pas un fricfrac ? dit Rac à Ric
De Laroque Alric
Du tac au tac
Fric frac ? dit Ric à Rac
Fric frac ça veut dire fric
Quand tu dis fric
Tu dis flic, trafic
Et tout s'complique
C'est ça, le hic
Je préfère rester un vrai loustic.
Un moujik libre dans mon isba pas toi ?

La danseuse japonaise obèse
La femme-sumo
Soumise
À la tyrannie du poids
Démontre jusqu'où peut aller
Jusqu'où va
L'élasticité étonnante
De la peau humaine
Cédant peu à peu
Jour, après jour
Pas à pas
Heure par heure
À la pression
Impressionnante
Du colossal manger
La peau
Hypertendue
Prête à éclater
Exulte et exalte
Et consacre
Le sacre
De la surcharge pondérale
Exulte et exalte le plaisir maximal
de la tripaille
Exulte et exalte le jouir

De l'encombrance totale de
la mangeaille
Dans un corps
Plein jusqu'à ras bord
Au bal éléphantesque
Baobabesque aux limites
de la tension du tambour
De la peau, la danseuse sumo
japonaise obèse goûte le plaisir
Immense de la danse.

Un chanteur saisonnier de Soissons répondant au surnom de Samson, spécialiste en saltarelle, chantait comme un sansonnet un soir qu'il faisait bon sous les genêts. Le son est-il essentiel au chanteur enchanteur, susurrait le saltimbanque tandis que résonnaient au-dessus de sa tête soissonne les joyeux trilles d'un sansonnet de l'Essonne, qui donnait sans le savoir des leçons au chanteur censément en train de penser. Faut-il remplacer la chanson par la saltation, disait-il, et exalter la gestuelle salutaire au corps souvent enlacé par la graisse épaisse de l'obésité ? Soudain il fut distrait dans son songe par une apparition saugrenue, celle d'une sœur sans le sou priant pour nous dans un sanctuaire désuet où cinq cents bonnes à tout faire initiaient des saints pères à des pratiques vulgaires. Le Saint-Esprit déguisé en sarcelle venait du bec picoter les fesses des abbés dévergondés pour les ramener sur la sente sainte et le son pas céleste du tout se déversait leste dans d'épiscopales oreilles violettes avec violence. Une suave voix des nues glissa et dit : « Samson, si tu chantes sans son, tu deviendras chanteur chômeur sur-le-champ et tu ne seras plus enchanteur ! » Ainsi s'exprimait l'ange exterminateur en brandissant sa serpe acerbe. Si le son est à ce point indispensablement nécessaire, que faire, disait Samson, tandis que sur la place de somptueux klaxons à plusieurs sons sortaient des caissons des automobiles Nissan sans parasoleil anti-éclaboussant où étaient entassés six cents millions de sansonnets destinés à orchestrer le septième étage du palais de Sidonie la rousse, troisième du nom, prêtresse et angelesse de face et de cresse à la longue tresse ruisselant sur son dos et ses fesses. Sidonie, la déesse satisfaite en charentaises, au geste preste, qui laisse des traces et qui passe pour être dans l'histoire des races la plus audacieuse des chasseresses, des bougresses, des tigresses, championne du monde de la brasse, reine des astres, des quasars, de Zoroastre, reine du zeste, d'Uzès, des zins du zen et du reste.

Cresse : mot wallon signifiant
« à la façon d'une crête de coq ».
Paru dans Le Virelangue, aux éditions Actes Sud.

Monsieur Grignet grignote
Des petits-gris
Au « Grignoton » de Gray
Madame Grignet grogne
Lui fait la trogne
Tout en dégustant des escargots
d'Bourgogne
Pourquoi me fais-tu la trogne
Dit Grignet grignotant ?
Tu ne m'as pas servi
Fût-ce un verre, dit-elle, de ce fameux
Chablis
Que tu me vantas tant et que tu me
promis si souventes fois, inélégant ami,
dit-elle, s'énervant, bégayant,
marchant sur sa langue dans un accès
de franc mécontentement.
Ô chérie, ma tendre Grignette,
ma Grignettine, excuse cet oubli,
dit Grignet confus, rougissant de dépit,
je te verse illico deux verres pleins de
Chablis. Après les avoir bus, Madame
la Grignette, repue, consentit à sourire
à son goulu de mari qui continuait
à grignoter ses petits-gris en lampant
périodiquement un délicieux Chablis
sans souci.

Une nonne nonagénaire, ânonnant une
piètre prière pour non encore mourants
et chevauchant gaillardement un ânon
qui brayait à bouche que veux-tu par
intermittence avec une inouïe violence,
vit voler au beau mitan de l'air un très gros
coléoptère au vol maladroit et pépère
tonitruant et vrombissant à la manière
d'un hélicoptère. Tiens, dit-elle, mais
j'entends le caractéristique son du
hanneton impubère, mazette ! Quelle
découverte ! Et de hâter son ânon vers
le monastère ou neuf frères convers alertés
par le tonitruant vrombissement priaient
saint Cacofon protecteur de l'orage,
de la cagarelle et du vent.

Cagarelle : diarrhée,
en français régional de Provence.

Ton teint, ton thé, ta toux,
Tout est tentant en toi
Mais si ton thé t'ôtait totalement ta toux,
Serais-tu tout aussi tentante malgré tout ?
Oui ! Tant il est vrai que même sans toux,
Il me reste quand même tout :
Ce que je suis

Ce que j'ai dessus
Ce que j'ai dessous
Ce que j'ai sous mes dessous
Car enfin ma toux n'est pas tout :
Il me reste tous mes atouts.
Mon long cou, mes froufrous, mes genoux
Et puis
Mon goût pour presque tout
Pour tout ce qui me met sens dessus dessous
Alors même si mon thé
M'ôtait totalement ma toux
Je resterais tentante, il me semble
Malgré tout.

J'aimerais tenter de parler tendrement de mes tantes, de mes tantines, de mes tatas, de mes taties en tatanes malgré les matatas qui opposent vertement entre elles toutes mes tantes sans vouloir omettre pour autant ma si tant douce tante Annette qui va sur ses nonante printemps, ni la tante qu'on surnomme le taon parce qu'elle pique du bec et qu'elle a à tout moment des propos tranchants, que ce soit sur ce pauvre Rutebeuf, sur ce malheureux Tantale, sur la pratique du tantra, sur la fabrication du tarmac ou du tarama. Mes tantes, mes tantines, mes tatas, mes taties en tatanes, c'est étonnant, sont toutes tentées par la mésentente, ensemble elles font un mélange détonnant. En effet mes tantes, mes tantines, mes tatas, mes taties en tatanes, si elles se trouvent toutes au même endroit, dynamitent tout entendement, font du tapage et du boucan. J'ai beau tenter de les inviter à s'entendre, à arrêter de papoter, de faire du potin, de se manier le popotin, en vain : mes tantes, mes tantines, mes tatas, mes taties en tatanes succombent à la tentation de se pourfendre, de se descendre à coups de langue. Elles s'envoient des tatouilles mes tantes, mes tantines, mes tatas, mes taties en tatanes, elles s'envoient des boulets de canon. Non, elles ne vont pas à Canossa mes tantes, mes tantines, mes tatas, mes taties en tatanes, elles s'envoient mutuellement sur le tatami pour un non ou pour un oui. Non, elles ne croient pas ce qu'on leur dit, elles mentent mes tantes, mes tantines, mes tatas, mes taties en tatanes : elles disent taratata aussi bien pour ceci que pour cela mes tantes, mes tantines, mes tatas, mes taties en tatanes. Elles disent pis que pendre de mes tontons et sur quel ton, elles disent du mal des poux, des choux, des genoux, des chiens-loups. En résumé elles disent du mal de tout, mes tantes, mes tantines, mes tatas, mes taties en tatanes. Elles sont tatillonnes, bougonnes, elles aiment les tatillonneries, les tatillonnages, la tarte Tatin, les tatouages, les tatous, les toutous. Elles pourraient prendre la tangente, être plus nuancées, plus grandes, plus tendres et déjouer toute tentation de mésentente mais on ne peut même pas tenter de ramener

ces tantes dissidentes sous la même tente, elles ne veulent surtout pas s'entendre ni avoir entre elles fût-ce un fifrelin de connivence qui leur permettrait de tendre vers un quelconque entendement. Il est vrai qu'on dirait qu'elles sont totalement malentendantes mes tantes, mes tantines, mes tatas, mes taties en tatanes, elles ne vont pas à tâtons ni par quatre chemins mes tantes, mes tantines, mes tatas, mes taties en tatanes. Elles font feu de la voix, du geste et de la main et des pieds parfois, elles ont l'oreille sélective, elles sont cassantes, elles sont vives, elles tardent à s'entendre et tendent plutôt vers le malentendu que vers l'entendement et ça, c'est un tantinet dur à entendre.
Alors franchettement, est-ce que ça vous tente vraiment de rencontrer mes tantes, mes tantines, mes tatas, mes taties en tatanes ici, à Catane ou en Espagne ?

Alice, la gracile exploratrice de Senlis glisse gracieusement et silencieusement sur la glissoire glacée du Groenland au nord du Nordisthan entièrement blanc où sur des milliers d'empans règne le froid le plus vif, le plus incisif et le plus grand car les tempêtes et les tourmentes déferlantes

persistent inquiétantes en ce désert
triste qui peut devenir, on ne sait
pourquoi ni comment, en un court laps
de temps… un enfer.
La bise glaçante, hurlante sur la
banquise,
Gèle les mains de la jeune exploratrice
ses bras et ses cuisses
La bise perce le cuir de ses cuissardes
en cuir sarde
Alice de Senlis s'enlise, elle est
tellement transie
Qu'elle en vient inexorablement
À rêvasser, sans décesser, à l'Italie.

Cent blondes explosives
Explosent tout à coup
Dans cent salons de coiffure.
Cent corps de pompier
S'élancent avec cent lances
L'eau lascive enlace
Les brandons brûlants
Tandis que de béats passants
Allument cyniquement
De somptueux cigares
Sans souci du sinistre
Incessant.
C'est alors que s'élançant

Un sapeur innocent de Sancerre
Serrant les dents en susurrant
Des obscénités sans suite
Dit aux cent incendies :
« Ça suffit. »
Et simultanément
Ceux-ci s'éteignirent
Soufflés par le souffle puissant
De l'audacieuse sentence
Sans sous-entendu.
Alors renaissant
De leurs cendres
Les cent blondes explosives
Ressuscitées
Donnent à leur sauveur de suaves baisers
Sans décesser.

Texte paru dans Le Virelangue,
éditions Actes Sud

Le gorfou sauteur est un pingouin
Subtropical à la voix forte
Noir sur le dos
Blanc sur le ventre
Plumes dorées sur son chef
Il habite en l'île d'Amsterdam
Dans l'océan si tant indien
Il ne craint rien si ce n'est l'orque
Et le léopard marin

Qui le déchiquettent
Si bien qu'il n'en reste vraiment plus
rien
S'il échappe à ses prédateurs
Il pourra vivre au moins trente ans.
Au-dessus de l'île royalement
Volent majestueusement
des albatros fuligineux,
Qui dit mieux ?
Ils ont deux mètres d'envergure
Se laissent porter par le vent
Vivent plus que quatre-vingts ans.
Parfois une sterne subantarctique
Lui donne un semblant de réplique
Avec son bec rouge très vif
Ou bien, c'est un pétrel soyeux
Oiseau pélagique qui erre
D'Atlantique sud aux îles du Cap-Vert
Des pétrels il en pleut
Des verts et des bleus
Mais le plus beau
C'est le pétrel soyeux.

Un ange de mer commun
Qui voulait sortir du commun en
changeant
De visage et de paysage
Pour donner le change

Sortit de la grande mer
Se mit à suffoquer si fort, une fois
dehors
Que jamais plus ange de mer
commun
Ne voulut sortir du commun
Et changer de visage et de paysage
Pour donner le change
En sortant de la grande mer.

Décathédraliser la cathédrale de Toul ?
Tout le monde à Toul sait ce qu'il en est de la cathédrale de Toul car enfin si la cathédrale de Toul se décathédralisait, dites-moi, Touloises, Toulois, comment recathédraliserait-on la cathédrale de Toul ? Mais enfin Touloises, Toulois, réfléchissez : tout le monde à Toul sait bien que si la cathédrale de Toul se décathédralisait, il faudrait immanquablement recathédraliser la cathédrale de Toul aussi vitement et de la même façon qu'on l'a décathédralisée et d'ailleurs, je ne vous le fais pas dire, Touloises, Toulois, vous le savez car à Toul tout le monde le sait que, même si l'on décathédralisait la cathédrale de Toul, celle-ci resterait dans votre pensée et votre mémoire une cathédrale même si elle était officiellement décathédralisée si tant est

qu'on ne sait pas qui ni avec quel culot, ni avec quel appui, ni avec quelle outrecuidance et arrogance, oserait décathédraliser la cathédrale de Toul sans que vous soyez au moins consultés par référendum, on ne peut moins, ce me semble. Car en vérité je vous le dis ici, *ex cathedra*, Touloises, Toulois, n'est-il pas vrai que pour vous, cathédralisée ou décathédralisée, la cathédrale de Toul resterait plantée dans votre pensée et votre mémoire envers et contre tout le monde qui soutiendrait mordicus que la cathédrale de Toul est décathédralisée mais à qui sincèrement viendrait l'idée saugrenue de décathédraliser la cathédrale de Toul et quel évêque, quel monseigneur, quel archevêque, quel prélat, quel légat du pape, quel pape pourrait lutter contre la volonté populaire des Touloises surtout et des Toulois certainement de vouloir laisser *ad vitam æternam* plantée au cœur de la cité de Toul la cathédrale sublimement cathédralisée depuis presque plus d'un siècle sans que personne y trouvât un tant soit peu à redire, à tout le moins à notre connaissance.
Imaginez quel tollé à Toul si à la faveur d'une crise, d'une carence, d'un soulèvement, d'une entourloupe, on mettait en doute, fût-ce un seul instant, fût-ce une picoseconde, l'intense cathédralité de la cathédrale de Toul. Imaginez le toupet, l'aplomb, l'effronterie du représentant des monuments et sites, quand à haute

et intelligible voix, je cite, devant le Tout-Paris réuni, il clamerait officiellement la décathédralisation de la cathédrale de Toul. Imaginez tout Toul défilant de la Bastille à la Concorde au son de toutes sortes d'instruments, mirlitons, binious, en avant, tout Toul faisant un tintamarre de tous les diables en scandant : « Recathédralisez la cathédrale de Toul, recathédralisez la cathédrale de Toul. » Imaginez tout Toul mis en boule, toutes les Touloises, tous les Toulois, mais aussi tous les Toulousains, tous les Cannois, tous les Valdotains totains, tous les Jurassiens francophones criant, vociférant jusqu'à devenir aphones, les gargouilles mêmes de la cathédrale gargouillant, expectorant leur haine de l'occupant, descendant dans la rue pour faire peur aux enfants, tournant comme des toupies dans le vent, les tours de Notre-Dame venant grossir les rangs, Quasimodo lui-même, quasi au premier rang et fermant la marche la cathédrale de Laon et celle de Caen venues toutes deux personnellement par solidarité cathédralesque défiler dans Paris pour dire à tous les responsables, aux autorités autoritaires, en un mot au gouvernement : Non à la décathédralisation de toutes les cathédrales, avec et y compris celles de Toul et de Caen.

Texte paru dans Le Virelangue,
aux éditions Actes Sud.

Virelangues à écouter en francophonie

Quand on est virelangueur, ça va de soi, on aime le beau langage françois. Est-on encore nombreux à faire résistance à l'omniprésent anglois ?

Nous sommes cent quatre-vingts millions de
francophones dans le monde :
On parle français au Québec, à Rebecq,
à Flobecq, à Tahiti, à Haïti,
du Burundi au Togo, au Congo,
à Bamako, à Madagascar, à Dakar,
en Côte d'Ivoire, en Haute-Volta,
à Brazza, au Rwanda, en Guyane,

à la Guadeloupe, au Sénégal,
à la Martinique, à Saint-Pierre-et-Miquelon, au Gabon, en Nouvelle-Calédonie, en Tunisie, au Liban,
dans les Nouvelles-Hébrides, dans l'île de la Désirade, dans l'île de la Marie Galante, dans l'île Maurice,
au Cameroun, en France,
à Gérompont-Petit-Rosières,
à Sorinne-la-Longue,
à Tourinnes-la-Grosse,
à Jandrain-Jandrenouille, on parle français à Pondichéry, dans les Indes, en Louisiane, à Matagne,
dans Fagnes, les Indiens algonquins de l'État de New York parlent français et les gros ventres du Montana également : nous sommes en tout cent quatre-vingts millions de francophones dans le monde
voilà pouqwé « Nos stons firs dyesse wallons »
(voilà pourquoi nous sommes fiers d'être wallons).

Les wallons sont cancres en langues
On dirait des cancres las
D'apprendre une tout autre langue
Que celle de leur papa
Ils connaissent, ça va sans dire

Le beau langage françois
Mais sont bombardés, c'est ça qu'est
  pire
Par l'omniprésent anglois.
Plus rare la langue des Allemagnes
Parlée à l'est de chez nous
Pourrait faire la reliance
  entre Berlin, Stuttgart et nous
Même la langue parlée à Bruges
Dans le plat pays tant chanté
Pourrait être apprise et sue
  par les gens de notre côté
Et puis il en est qui susurrent
Des mots proches des vieux patois
Avec délice à Namur
Ou bien au bord de la Semois
Toutes les langues sont bonnes à dire
À faire passer par nos gueuloirs
Pour faire connaître nos terroirs
Et élargir le comprenoir
De cette Europe qui chavire
Entre panique et grande vie
Les langues ne sont pas éteignoirs
Elles sont juste des allumoirs
Pour rebrousser le non-sens et la
  désespérance
Des pays de presque absurdhistan
Qui se cachent derrière la misère
La haine et le bannissement.

Comment faire pour que les Wallons totalement américanisés se désaméricanisent totalement ? Eh bien ! Pour que les Wallons totalement américanisés se désaméricanisent totalement, il faudrait totalement rewalloniser les Wallons totalement américanisés en les désaméricanisant totalement c'est-à-dire en les rewallonisant totalement et qu'arriverait-il si les Wallons wallonisaient tous les Américains ? Eh bien dans ce cas, les Américains totalement wallonisés se verraient dans l'obligation de se déwalloniser totalement c'est-à-dire de se réaméricaniser totalement.

Virelangues pour un pape à papamobile

Les virelangues peuvent concerner les plus éminents personnages…

Le pape est mort
Un nouveau pape est appelé à
régner
Araignée
Quel drôle de nom pour un pape
Pourquoi pas papillon
Ou libellule
Ou Benoît Seize

Quoi treize et trois ?
Le pape Pie prie
Et vous prie
De prier avec lui
Pour le salut de son âme
Impie.

Virelangues philosophiques

« Tout ce que je sais, c'est que je ne sais rien » (Socrate). Et si l'on philosophait un peu en virelangue ?

Je suis ce que suis et si je suis ce que je suis qui est-ce que je suis ? Si jamais tu le sais, je te suis.

Il sait assez celui qui sait s'il sait qu'il ne sait rien.

Virelangues divers et variés en vrac (ceci est d'ailleurs un virelangue)

Virelangue historique :

Le 12 juin septante-neuf (79)
À bord d'un vélo volant neuf
Un homme a traversé la Manche
Un beau mardi de lumière blanche
J'vais mettre des ailes à mon vélo
Pour aller voir le monde d'en haut
Le ciel quelle belle piste cyclable
Y a pas d'autos y a qu'des oiseaux
qui font : « tchif tchaf, tchif tchif, to ho ».

Mimi va à Paris
Nini va à Ninove
La ville où l'on innove
Nini aime innover
Mimi aime
Changer de pays
De robes, d'amies et d'amis
Se pavaner dans des palaces
Loin de la vile populace qui l'agace
Mimi est très people
Nini reste chez elle
Avec sa chienne Adèle
« Elle cherche un mari
petit et sans reproche
Qui aille dans sa poche
Un vrai petit mari. »

La rose rouge de Rosalie
La rendait ravissante et jolie
La rose verte d'Alberte
Lui donnait l'air alerte
La rose jaune de Guillaumette
Lui donnait l'air guillerette
La rose blanche de Clémence
Faisait penser à un mariage un dimanche.

Ça doit être étrange d'habiter
Nouan-le-Fuselier
D'entendre juser le vent
Dans le fuselage de l'air
Ça doit être étrange
D'habiter en Loire-et-Cher.

Par temps d'orage
Je porte parfois des oranges
À mon cœur étrange devenu prisonnier
Avec cette rage des orageux passages
Au bord des naufrages en lisière de l'éternelle
Éternité.

Si t'assumes ta féminine féminité
J'assumerai plus facilement
Ma masculine masculinité
Mais si tu n'assumes pas
Ta féminine féminité
Ta féminitude en quelque sorte
Je ne pourrai pas moi
Assumer ma masculine masculinité
Ma mâlitude en quelque sorte

Alors quoi à partir de quand
Quand est-ce qu'on s'assumera
Entièrement toi et moi.

Tu parles Charles d'Harley Davidson
Des harles
Des zones rurales
T'es hard quand tu râles Charles
T'aimes Harlem,
Le Charleston t'emballe
T'aimes Marlene et Marylin Monroe
Gilles Carle, Karl Marx
Les rives de l'Escaut
Les avions transcontinentaux.

Le pygargue à queue blanche
Quasi menacé
Nargue en son vol
Les prédateurs armés.
Au bord de disparaître
Il a le grand goût d'être
D'embellir le ciel
Toutes ailes déployées.
Ouvert au gré des vents
Il goûte l'envergure
Il se suspend à l'air
Il vole et dure…

Beaucoup de petit peu
Font un grand tout
Disait Mao à son toutou.

Des langues palpitent
Disent des mots sans sens
Sans dessus dessous
À contresens
Devant la mort
La fourmilière humaine
S'agite en tous sens.

J'ai bu une bien bonne bouteille de
bien bon vin blanc vieux.

L'hurluberlu de Pampelune hurle à la lune les soirs d'hiver. La lune l'entend mais n'en a cure et continue à verser sur l'hurluberlu de la lumière en continu. Est ce parce que la lune est nue que l'hurluberlu hurle ?

Donneriez-vous 65 100 Julos en
échange de 66 360 Jujols ?
Peut-être préférez-vous donner
66 360 Jujols en échange
De 50 610 Jullouville ? Mais là vous
y perdez, je crois.
Donneriez-vous 1 320 Tourinnes-
la-Grosse en échange
De 65 100 Julos ? Y a-t-il à Julos
une seule personne
Qui écoute les CD de Julos ?
et à Jujols ?
Et à Jullouville ? Tourinnes-la-Grosse ?

Balbuzard fluviatile
Tu fais ton nid
Dans des mots frères.

L'hippopotame-pygmée
Voit sa forêt son habitat
Se rétrécir à chacun de ses pas
Sait-on s'il survivra ?

Le maître incontesté du visage
découvert
Découvre le vert baiser des plantes
sous le couvert
Le concert des oiseaux
Le paysage ouvert
L'eau du ruisseau chanteur
Le chœur du cœur des pierres
Le silence bavard des enfants
de la terre.

J'aimerais jazzifier ma parole
Commediadellartiser mes improvisations
Sortir des rails et des ornières
Et du ronron du langage insipide cupide
Putride sortir du langage stagnant.

J'aimerais suivre la voie du Tao
Mais le Tao se tait
Il ne veut pas se dire
Il ne veut pas parler
Le Tao ne parle pas
Il murmure
Des phrases que l'on n'entend pas

À moins d'avoir l'Oreille
Mais l'Oreille
N'est pas toujours là
Nous avons tous l'Oreille
Mais elle est bouchée parfois
Si le Tao se tait
Ne point le forcer
Le Tao vient un jour
Il descend de très haut
Le Tao, c'est l'amour.

Namurois lent comme la Meuse
Qui porte les lents chalands
Tandis que le lent passant
Marche en rêvant
Longeant le chemin de halage.

Et si je rattrape à la course
Le futur prêt à trépasser
C'est que le présent me repousse
Me jette hors de la durée.

Virelangue inclus
pour ne pas conclure

Il voulait virelanguer la langue française en son entier.

DU MÊME AUTEUR

Julos Beaucarne

Répertoire d'étiquettes
aphorismes
Louise-Hélène France, 1973

Julos écrit pour vous
poésie, illustré
Duculot, 1975
rééd. Archipel, 1996

Aujourd'hui nous parlerons de notre
Sibérie à nous, la Fagne
photographies de Dany Clossen
Louise-Hélène France, 1979

Mon terroir c'est les galaxies
poésie, illustré
Louise-Hélène France, 1981

Premier cahier de chansons
Louise-Hélène France, 1983

Entre le dire et le non-dire
illustrations de Dacos
La Lettre douce, 1985

Étiquettes pour école cathodique
aphorismes
Louise-Hélène France, 1986

J'ai vingt ans de chansons.
Le Grand Julos intégral commenté et illustré
Didier Hatier / Vents d'ouest, 1987

Le Familier des nébuleuses
Poésie, illustrations de Nadia de Clauzade
Adda, 1988

L'Appel de Madame la Baronne
bande dessinée de Jean-Claude Servais
Casterman, 1989

Brel
Voyage textuel en résonance avec les chansons de Jacques Brel
Acropole, 1990
rééd. Ancrage, 1999

Neuf chemins de non-retour
poésie, illustrations de Garouste
AEncrages, 1991

Objets détournés
photographies de Daniel Fouss
Louise-Hélène France, 1992

Le Virelangue
préface de Hubert Nyssen
Actes Sud, 1992

Daniela
photographies de Pierre Dandois
Magermans, 1993

Voyage à la lisière de l'infini
Considérations poétiques et philosophiques
illustré
Le Fennec, 1994

L'avenir change de berceau
Féerie théâtrale
illustrations de Joanna Dupont
Le Perron, 1995

Le Navigateur solitaire sur la mer des mots
textes du spectacle
Les Éperonniers, 1997
rééd. Isabelle Quentin, 2000

Monde neuf
poésie, manuel de fertilisation des sols
L'Archipel, 1999

Au fil de la tendresse
en collaboration avec Jacques Salomé
Ancrage, 2000

Les Arbres chemins entre ciel et terre
photographies de Brigitte de Crawhez
Éole, 2000

RAVeL ou l'aventure est au bout de la roue
photographies de Daniel Fouss
Renaissance du livre, 2001

Bon appétit Julos
textes et recettes du terroir
en collaboration avec Nicole Darchambeau
Les Capucines, 2002

Front de libération de l'oreille
et autres considérations
essai
Le Grand Miroir, 2002

Objets détournés de la Galaxie Julos
photographies de Julos et Zouzou
Louise-Hélène France, 2004

Pierre Jaskarzek

Le français est un jeu.
200 questions pièges pour améliorer son français
Librio, 2005

Le Mot juste.
Pièges, difficultés et nuances du vocabulaire
Librio, 2006

Guide du français facile.
Guide de l'orthographe, guide du verbe, lexique, quiz
(en collaboration avec Violaine Géraud)
Marabout, 2006

COMPOSITION : PAO EDITIONS DU SEUIL

GROUPE CPI

Achevé d'imprimer en janvier 2007
par **BUSSIÈRE**
à Saint-Amand-Montrond (Cher)
N° d'édition : 91377. - N° d'impression : 70002.
Dépôt légal : février 2007.
Imprimé en France

DANS LA MÊME COLLECTION

UN AVANT-GOÛT DE...

Motamorphoses
À chaque mot son histoire
Daniel Brandy

Dans une langue élégante et drôle, Daniel Brandy relève ici un véritable défi : rendre à la fois savoureuses et accessibles l'histoire des mots tout en gardant la plus extrême rigueur. De courts chapitres pour comprendre les origines, l'évolution et les avatars des mots de tous les jours.

Points n° P 1544

Que faire des crétins ?
Les perles du Grand Larousse
Pierre Larousse
Présentation de Pierre Enckell

Commentaires absurdes, prises de position totalement subjectives, préjugés sexistes ou racistes, aberrations « scientifiques »... Pierre Enckell, lexicographe obsédé, traque les fautes commises ou admises par Pierre Larousse lui-même et donne à lire ces définitions, dont la lecture aujourd'hui est consternante... ou hilarante. Pierre Desproges n'aurait pas fait mieux.

Points n° P 1543

L'habit ne fait pas le moine
Petite histoire des expressions
Gilles Henry

Dans la lignée d'un Claude Duneton, sous forme d'un dictionnaire aux articles concis et clairs, et avec la précision de l'historien, ce livre propose de remonter aux sources historiques et étymologiques des expressions imagées et d'en éclairer le sens. Une invitation au voyage dans les images de la langue française…

Points n° P 1545

Petit fictionnaire illustré
Les mots qui manquent au dico
Alain Finkielkraut

Pourquoi ne pas renouveler la langue française ? Sous la forme d'un petit recueil de néologismes et de mots-valises, voici un dictionnaire d'un nouveau genre. Autour de définitions hilarantes, farfelues et pourtant d'une logique sans faille, Alain Finkielkraut joue avec les mots et nous fait partager son goût pour la poésie, l'humour et la philosophie.

Points n° P 1546

Le Pluriel de bric-à-brac
et autres difficultés de la langue française
Irène Nouailhac

Voici recensés en un seul volume les principales embûches et chausse-trappes de la langue française dans lesquelles tombent les plus habiles d'entre nous. Orthographe trompeuse, syntaxe chahutée, prononciation difficile, pluriels irréguliers, pléonasmes à éviter etc. Toutes les réponses aux questions que l'on se pose dans l'usage courant de la langue.

Inédit, Points n° P 1547

Un bouquin n'est pas un livre
Les nuances des synonymes
Rémi Bertrand

Timide ou réservé, vélo ou bicyclette ? Quelle est la nuance ? Un dictionnaire des synonymes se contenterait de juxtaposer ces mots en proposant de remplacer l'un par l'autre. Mais l'art de la nuance, c'est faire jouer la langue dans ses plus fins rouages, lui permettre d'exprimer toute sa richesse et sa subtilité. Au travers de textes courts et de mots choisis, Rémi Bertrand invite à rendre leurs différences aux synonymes.

Inédit, Points n° P 1548

Le Dico des mots croisés
8 000 définitions pour devenir imbattable
Michel Laclos

Entre poésie et jeu de l'esprit, les définitions retorses du célèbre verbicruciste Michel Laclos invitent au charme raffiné de la torture de méninges... Pour prolonger le plaisir qu'offrent ses grilles « savantes et limpides, vicelardes et réjouissantes, instructives et rigolardes » (Remo Forlani), voici un livre ludique qui permet de s'exercer, en cachant les mots à deviner, grâce au marque-page encarté dans le livre. À vos définitions !

Points n° P 1575

Les deux font la paire
Les couples célèbres dans la langue française
Patrice Louis

Sodome et Gomorrhe, Castor et Pollux, Bonnie & Clyde, Lagarde et Michard ou Moët et Chandon... Autant de duos inséparables qui surgissent tour à tour dans nos conversations. Quelle est l'origine de ces associations ? Remontant aux sources des mots, Patrice Louis nous livre ici, entre érudition et sourire, un vrai petit manuel de culture générale...

Points n° P 1576

C'est la cata !
Petit manuel du français maltraité
Pierre Bénard

Finies la cordialité, la chaleur : place à la « convivialité » tous azimuts... On ne contrôle plus, on ne gouverne plus : on « gère ». Pierre Bénard a réuni ici ses chroniques parues dans la rubrique du *Figaro* « Le bon français ». Des billets d'humeur qui sont autant d'invitations à refuser toutes les facilités auxquelles nous nous laissons aller dans l'usage courant de la langue...

Points n° P 1577

Chihuahua, zébu et Cie
L'étonnante histoire des noms d'animaux
Henriette Walter et Pierre Avenas

Savez-vous que le loup a laissé sa griffe sous les termes *Louvre*, *lycée* et *lupanar* ? Pourquoi le *hot-dog* porte-t-il un nom si étrange ? Et qui se cache derrière le mot *vaccin* ? Quinze chapitres savants et malicieux fourmillant d'illustrations et d'anecdotes débusquent les traces de nos animaux familiers au détour des conversations et des langues...

Points n° P 1616

My rendez-vous with a femme fatale
Les mots français dans les langues étrangères
Franck Resplandy

« ETUI (allemand, familier) : *petit lit étroit, pour une personne*. » Avec humour et précision, Franck Resplandy retrace les itinéraires d'un grand nombre d'expressions et de mots d'origine française à travers le monde. À l'étranger, ils ont changé de sens, ou conservé un usage depuis longtemps disparu en France. Un recueil riche d'enseignements sur l'histoire et sur l'image de notre culture à l'étranger…

Points n° P 1618

Collection Points

DERNIERS TITRES PARUS

P1465. La Sève et le Givre, *Léa Silhol*
P1466. Élégies de Duino *suivi de* Sonnets à Orphée
Rainer Maria Rilke
P1467. Rilke, *Philippe Jaccottet*
P1468. C'était mieux avant, *Howard Buten*
P1469. Portrait du Gulf Stream, *Érik Orsenna*
P1470. La Vie sauve, *Lydie Violet et Marie Desplechin*
P1471. Chicken Street, *Amanda Sthers*
P1472. Polococktail Party, *Dorota Maslowska*
P1473. Football factory, *John King*
P1474. Une petite ville en Allemagne, *John le Carré*
P1475. Le Miroir aux espions, *John le Carré*
P1476. Deuil interdit, *Michael Connelly*
P1477. Le Dernier Testament, *Philip Le Roy*
P1478. Justice imminente, *Jilliane Hoffman*
P1479. Ce cher Dexter, *Jeff Lindsay*
P1480. Le Corps noir, *Dominique Manotti*
P1481. Improbable, *Adam Fawer*
P1482. Les Rois hérétiques. Les Monarchies divines II
Paul Kearney
P1483. L'Archipel du soleil. Les Enfants de l'Atlantide II
Bernard Simonay
P1484. Code Da Vinci : l'enquête
Marie-France Etchegoin et Frédéric Lenoir
P1485. L.A. confidentiel : les secrets de Lance Armstrong
Pierre Ballester et David Walsh
P1486. Maria est morte, *Jean-Paul Dubois*
P1487. Vous aurez de mes nouvelles, *Jean-Paul Dubois*
P1488. Un pas de plus, *Marie Desplechin*
P1489. D'excellente famille, *Laurence Deflassieux*
P1490. Une femme normale, *Émilie Frèche*
P1491. La Dernière Nuit, *Marie-Ange Guillaume*
P1492. Le Sommeil des poissons, *Véronique Ovaldé*
P1493. La Dernière Note, *Jonathan Kellerman*
P1494. La Cité des Jarres, *Arnaldur Indridason*

P1495. Électre à La Havane, *Leonardo Padura*
P1496. Le croque-mort est bon vivant
Tim Cockey
P1497. Le Cambrioleur en maraude, *Lawrence Block*
P1498. L'Araignée d'émeraude. La Saga de Raven II
Robert Holdstock et Angus Wells
P1499. Faucon de mai, *Gillian Bradshaw*
P1500. La Tante marquise, *Simonetta Agnello Hornby*
P1501. Anita, *Alicia Dujovne Ortiz*
P1502. Mexico City Blues, *Jack Kerouac*
P1503. Poésie verticale, *Roberto Juarroz*
P1506. Histoire de Rofo, clown, *Howard Buten*
P1507. Manuel à l'usage des enfants qui ont des parents difficiles, *Jeanne Van den Brouk*
P1508. La Jeune Fille au balcon, *Leïla Sebbar*
P1509. Zenzela, *Azouz Begag*
P1510. La Rébellion, *Joseph Roth*
P1511. Falaises, *Olivier Adam*
P1512. Webcam, *Adrien Goetz*
P1513. La Méthode Mila, *Lydie Salvayre*
P1514. Blonde abrasive, *Christophe Paviot*
P1515. Les Petits-Fils nègres de Vercingétorix
Alain Mabanckou
P1516. 107 ans, *Diastème*
P1517. La Vie magnétique, *Jean-Hubert Gailliot*
P1518. Solos d'amour, *John Updike*
P1519. Les Chutes, *Joyce Carol Oates*
P1520. Well, *Matthieu McIntosh*
P1521. À la recherche du voile noir, *Rick Moody*
P1522. Train, *Pete Dexter*
P1523. Avidité, *Elfriede Jelinek*
P1524. Retour dans la neige, *Robert Walser*
P1525. La Faim de Hoffman, *Leon De Winter*
P1526. Marie-Antoinette, la naissance d'une reine.
Lettres choisies, *Évelyne Lever*
P1527. Les Petits Verlaine *suivi de* Samedi,
dimanche et fêtes, *Jean-Marc Roberts*
P1528. Les Seigneurs de guerre de Nin.
La Saga du Roi Dragon II, *Stephen Lawhead*

P1529. Le Dire des Sylfes. La Malerune II
Michel Robert et Pierre Grimbert
P1530. Le Dieu de glace. La Saga de Raven III
Robert Holdstock et Angus Wells
P1531. Un bon cru, *Peter Mayle*
P1532. Confessions d'un boulanger, *Peter Mayle et Gérard Auzet*
P1533. Un poisson hors de l'eau, *Bernard Comment*
P1534. Histoire de la Grande Maison, *Charif Majdalani*
P1535. La Partie belle *suivi de* La Comédie légère
Jean-Marc Roberts
P1536. Le Bonheur obligatoire, *Norman Manea*
P1537. Les Larmes de ma mère, *Michel Layaz*
P1538. Tant qu'il y aura des élèves, *Hervé Hamon*
P1539. Avant le gel, *Henning Mankell*
P1540. Code 10, *Donald Harstad*
P1541. Les Nouvelles Enquêtes du juge Ti, vol. 1
Le Château du lac Tchou-An, *Frédéric Lenormand*
P1542. Les Nouvelles Enquêtes du juge Ti, vol. 2
La Nuit des juges, *Frédéric Lenormand*
P1543. Que faire des crétins ?
Les perles du Grand Larousse
Pierre Enckell et Pierre Larousse
P1544. Motamorphoses. À chaque mot son histoire
Daniel Brandy
P1545. L'habit ne fait pas le moine.
Petite histoire des expressions
Gilles Henry
P1546. Petit fictionnaire illustré. Les mots qui manquent au dico, *Alain Finkielkraut*
P1547. Le Pluriel de bric-à-brac et autres difficultés de la langue française, *Irène Nouailhac*
P1548. Un bouquin n'est pas un livre.
Les nuances des synonymes, *Rémi Bertrand*
P1549. Sans nouvelles de Gurb, *Eduardo Mendoza*
P1550. Le Dernier Amour du président, *Andreï Kourkov*
P1551. L'Amour, soudain, *Aharon Appelfeld*
P1552. Nos plus beaux souvenirs, *Stewart O'Nan*
P1553. Saint-Sépulcre !, *Patrick Besson*

P1554. L'Autre comme moi, *José Saramago*
P1555. Pourquoi Mitterrand ?, *Pierre Joxe*
P1556. Pas si fous ces Français !
Jean-Benoît Nadeau et Julie Barlow
P1557. La Colline des Anges
Jean-Claude Guillebaud et Raymond Depardon
P1558. La Solitude heureuse du voyageur
précédé de Notes, *Raymond Depardon*
P1559. Hard Revolution, *George P. Pelecanos*
P1560. La Morsure du lézard, *Kirk Mitchell*
P1561. Winterkill, *C.J. Box*
P1562. La Morsure du dragon, *Jean-François Susbielle*
P1563. Rituels sanglants, *Craig Russell*
P1564. Les Écorchés, *Peter Moore Smith*
P1565. Le Crépuscule des géants.
Les Enfants de l'Atlantide III, *Bernard Simonay*
P1566. Aara. Aradia I, *Tanith Lee*
P1567. Les Guerres de fer. Les Monarchies divines III
Paul Kearney
P1568. La Rose pourpre et le Lys, tome 1, *Michel Faber*
P1569. La Rose pourpre et le Lys, tome 2, *Michel Faber*
P1570. Sarnia, *G.B. Edwards*
P1571. Saint-Cyr/La Maison d'Esther, *Yves Dangerfield*
P1572. Renverse du souffle, *Paul Celan*
P1573. Pour un tombeau d'Anatole, *Stéphane Mallarmé*
P1574. 95 poèmes, *E.E. Cummings*
P1575. Le Dico des mots croisés.
8000 définitions pour devenir imbattable
Michel Laclos
P1576. Les deux font la paire.
Les couples célèbres dans la langue française
Patrice Louis
P1577. C'est la cata. Petit manuel du français maltraité
Pierre Bénard
P1578. L'Avortement, *Richard Brautigan*
P1579. Les Braban, *Patrick Besson*
P1580. Le Sac à main, *Marie Desplechin*
P1581. Nouvelles du monde entier, *Vincent Ravalec*
P1582. Le Sens de l'arnaque, *James Swain*

P1583. L'Automne à Cuba, *Leonardo Padura*
P1584. Le Glaive et la Flamme.
La Saga du Roi Dragon III, *Stephen Lawhead*
P1585. La Belle Arcane. La Malerune III
Michel Robert et Pierre Grimbert
P1586. Femme en costume de bataille
Antonio Benitez-Rojo
P1587. Le Cavalier de l'Olympe.
Le Châtiment des Dieux II, *François Rachline*
P1588. Le Pas de l'ourse, *Douglas Glover*
P1589. Lignes de fond, *Neil Jordan*
P1590. Monsieur Butterfly, *Howard Buten*
P1591. Parfois je ris tout seul, *Jean-Paul Dubois*
P1592. Sang impur, *Hugo Hamilton*
P1593. Le Musée de la sirène, *Cypora Petitjean-Cerf*
P1594. Histoire de la gauche caviar, *Laurent Joffrin*
P1595. Les Enfants de chœur (Little Children)
Tom Perrotta
P1596. Les Femmes politiques, *Laure Adler*
P1597. La Preuve par le sang, *Jonathan Kellerman*
P1598. La Femme en vert, *Arnaldur Indridason*
P1599. Le Che s'est suicidé, *Petros Markaris*
P1600. Les Nouvelles Enquêtes du juge Ti, vol. 3
Le Palais des courtisanes, *Frédéric Lenormand*
P1601. Trahie, *Karin Alvtegen*
P1602. Les Requins de Trieste, *Veit Heinichen*
P1603. Pour adultes seulement, *Philip Le Roy*
P1604. Offre publique d'assassinat, *Stephen W. Frey*
P1605. L'Heure du châtiment, *Eileen Dreyer*
P1606. Aden, *Anne-Marie Garat*
P1607. Histoire secrète du Mossad, *Gordon Thomas*
P1608. La Guerre du paradis. Le Chant d'Albion I
Stephen Lawhead
P1609. La Terre des Morts. Les Enfants de l'Atlantide IV
Bernard Simonay
P1610. Thenser. Aradia II, *Tanith Lee*
P1611. Le Petit Livre des gros câlins, *Kathleen Keating*
P1612. Un soir de décembre, *Delphine de Vigan*
P1613. L'Amour foudre, *Henri Gougaud*

P1614. Chaque jour est un adieu
suivi de Un jeune homme est passé, *Alain Rémond*
P1615. Clair-obscur, *Jean Cocteau*
P1616. Chihuahua, zébu et Cie.
L'étonnante histoire des noms d'animaux
Henriette Walter et Pierre Avenas
P1617. Les Chaussettes de l'archiduchesse et autres défis de la prononciation
Julos Beaucarne et Pierre Jaskarzec
P1618. My rendez-vous with a femme fatale.
Les mots français dans les langues étrangères
Franck Resplandy
P1619. Seulement l'amour, *Philippe Ségur*
P1620. La Jeune Fille et la Mère, *Leïla Marouane*
P1621. L'Increvable Monsieur Schneck, *Colombe Schneck*
P1622. Les Douze Abbés de Challant, *Laura Mancinelli*
P1623. Un monde vacillant, *Cynthia Ozick*
P1624. Les Jouets vivants, *Jean-Yves Cendrey*
P1625. Le Livre noir de la condition des femmes
Christine Ockrent (dir.)
P1626. Comme deux frères, *Jean-François Kahn et Axel Kahn*
P1627. Equador, *Miguel Sousa Tavares*
P1628. Du côté où se lève le soleil, *Anne-Sophie Jacouty*
P1629. L'Affaire Hamilton, *Michelle De Kretser*
P1630. Une passion indienne, *Javier Moro*
P1631. La Cité des amants perdus, *Nadeem Aslam*
P1632. Rumeurs de haine, *Taslima Nasreen*
P1633. Le Chromosome de Calcutta, *Amitav Ghosh*
P1634. Show business, *Shashi Tharoor*
P1635. La Fille de l'arnaqueur, *Ed Dee*
P1636. En plein vol, *Jan Burke*
P1637. Retour à la Grande Ombre, *Hakan Nesser*
P1638. Wren. Les Descendants de Merlin I, *Irene Radford*
P1639. Petit manuel de savoir-vivre à l'usage des enseignants
Boris Seguin, Frédéric Teillard
P1640. Les Voleurs d'écritures *suivi de* Les Tireurs d'étoiles
Azouz Begag
P1641. L'Empreinte des dieux. Le Cycle de Mithra I
Rachel Tanner